PUBLICATIONS DE L'ÉCOLE DES LETTRES D'ALGER

BULLETIN DE CORRESPONDANCE AFRICAINE

ÉTUDE

SUR

LA ZENATIA DE L'OUARSENIS

ET DU

MAGHREB CENTRAL

PAR

René BASSET

DIRECTEUR DE L'ÉCOLE SUPÉRIEURE DES LETTRES D'ALGER,
MEMBRE DES SOCIÉTÉS ASIATIQUES DE PARIS, LEIPZIG ET FLORENCE,
DE LA SOCIÉTÉ DE LINGUISTIQUE DE PARIS, ETC.

PARIS

ERNEST LEROUX, ÉDITEUR

28, RUE BONAPARTE, 28

1895

ERNEST LEROUX, ÉDITEUR

28, rue Bonaparte, 28

PUBLICATIONS

DE L'ÉCOLE DES LETTRES D'ALGER

BULLETIN DE CORRESPONDANCE AFRICAINE

I. — E. Cat. *Notice sur la carte de l'Ogooué*. In-8. avec carte.

II. — *Vie du Patriarche Isaac*. Texte copte et traduction française par E. Amélineau. In-8.

III. — E. Lefébure. *Rites égyptiens*. In-8.

IV. — Em. Masqueray. *Textes de la Tamahoq des Taïtoq*. In-8,

V. — René Basset. *La Zénatia des Beni Mezab et de Ouargla*. In-8.

VI. — Em. Masqueray.-*Inscriptions de la Maurétanie Césarienne et de la Numidie*. In-8.

VII. — René Basset. *Les règles de saint-Pacôme*. In-8.

ANGERS, IMP. A. BURDIN ET C°, 4, RUE GARNIER.

PUBLICATIONS DE L'ÉCOLE DES LETTRES D'ALGER

BULLETIN DE CORRESPONDANCE AFRICAINE

XV

ÉTUDE

sur

LA ZENATIA DE L'OUARSENIS

et du

MAGHREB CENTRAL

OUVRAGES DU MÊME AUTEUR

SUR LE BERBÈRE

Le poème de Çabi en dialecte chelh'a, texte, transcription et traduction française. Paris, Impr. nat., 1879, in-8.

Relation de Sidi-Brahim de Massat, trad. sur le texte chelh'a et annotée. Paris, E. Leroux, 1883, in-8.

Notes de Lexicographie berbère, 4 parties in-8. Paris, E. Leroux, 1883-1888.

Manuel de langue kabyle (dialecte Zouaoua), grammaire, bibliographie, chrestomathie et lexique. Paris, 1887, in-12.

Recueil de textes et de documents relatifs à la philologie berbère. Alger, 1887, in-8.

Contes populaires berbères, première série. Paris, E. Leroux, 1887, in-18 jésus.

Loqmân berbère, avec quatre glossaires et une étude sur la légende de Loqmân. Paris, E. Leroux, 1890, in-12.

Le dialecte de Syouah. Paris, E. Leroux, 1890, in-8.

Textes berbères dans le dialecte des B. Menacer. Rome, 1892, in-8.

Notice sur le dialecte des Haraktas et du Djerid tunisien. Woking, 1892, in-8.

Rapport sur les études berbères, éthiopiennes et arabes de 1887 à 1892. Woking, 1892, in-8.

L'Insurrection algérienne de 1871 dans les chansons populaires kabyles. Louvain, 1892, in-8.

Étude sur la Zenatia du Mzab, de Ouargla et de l'O.-Rir'. Paris, E. Leroux, 1893, in-8.

Études sur les dialectes berbères. Paris, E. Leroux, 1894, in-8 (ouvrage couronné par l'Académie des inscriptions et belles-lettres, prix Bordin, 1893).

Le dialecte berbère de Taroudant. Florence, 1895, in-8.

Les noms des métaux et des couleurs en berbère. Paris, 1895, in-8.

Angers, imprimerie orientale de A. Burdin et Cie, rue Garnier, 4.

ÉTUDE

SUR

LA ZENATIA DE L'OUARSENIS

ET DU

MAGHREB CENTRAL

PAR

René BASSET

DIRECTEUR DE L'ÉCOLE SUPÉRIEURE DES LETTRES D'ALGER,
MEMBRE DES SOCIÉTÉS ASIATIQUES DE PARIS, LEIPZIG ET FLORENCE,
DE LA SOCIÉTÉ DE LINGUISTIQUE DE PARIS, ETC.

PARIS

ERNEST LEROUX, ÉDITEUR

28, RUE BONAPARTE, 28

1895

PRÉFACE

Tandis que plusieurs dialectes berbères se maintiennent intacts, protégés par les montagnes, le désert ou l'hérésie, il en est d'autres qui, privés de ces appuis, s'éteignent de jour en jour, supplantés par l'arabe. Il est donc urgent de les recueillir avant qu'ils n'aient totalement disparu, car ils forment les anneaux qui relient entre eux les groupes demeurés compacts, et l'on peut ainsi reconstituer dans une certaine mesure la carte du domaine occupé jadis par le berbère et déterminer la parenté respective des principaux dialectes.

C'est à cette catégorie qu'appartiennent ceux qui sont étudiés ici[1]. A'chacha, B. H'alima, Ouarsenis et Haraoua n'ont plus qu'une courte période à vivre; les deux premiers même ne sont plus parlés que par les vieillards et seront éteints à bref délai. Leur importance est grande, néanmoins, car leur parenté avec le dialecte des B. Me-

---

1. Jusqu'à présent, il n'existait aucun travail d'ensemble sur ces dialectes : quelques fables en Haraoua, B. H'alima et Ouarsenis avaient été publiées dans mon *Loqmân berbère* (Paris, 1890, in-12); ils ont été mis aussi à contribution dans mes *Études sur les dialectes berbères* (Paris, 1894, in-8).

nacer indique jusqu'où s'étendait la Zenatia avant
l'invasion de l'arabe. Les frontières de son domaine
nous sont indiquées par les A'chacha (tribu de la commune mixte de Cassaigne, dans le Dhahra septentrio-
nal), les Bel H'alima (à l'est de Mascara, commune
mixte de Frenda), les Beth'aia et les B. Bou Khannous
(de l'Ouarsenis), les Haraoua de Teniet-el-H'ad qui re-
joignent les Aït Ferah' de Kherba et, par là, les B. Menacer. Il y aura lieu d'examiner plus tard si le dialecte
parlé par les Matmata du Djendel, voisins des Haraoua,
doit être rattaché à cette famille ou à celle des Ouzera,
des Za'atit, des B. Bou Ya'qoub et des Merachda qui oc·
cupent les crêtes de l'Atlas au sud de Blida, et dont le
dialecte se rapproche, au contraire, de celui des Zouaouas
de la Grande Kabylie.

Les documents dont je me suis servi ont été recueillis
par moi à diverses reprises : à Frenda, en 1883, pendant une mission dans le département d'Oran et le nord
du Maroc (Bel H'alima) : au Bordj des B. Indel (Molière)
et Teniet-el-H'ad en 1886 pendant ma mission dans
l'Ouarsenis et le Sersou (Ouarsenis, Haraoua); ils ont
été complétés au cours de divers voyages à Teniet-el-
H'ad en 1886 et 1887 (Haraoua), en 1895 à Renault
(A'chacha) et à Kherba (A. Ferah'). A cette occasion, je
suis heureux de rappeler le concours le plus empressé
et le plus obligeant que j'ai trouvé chez les fonction-
naires de l'administration civile à qui j'ai eu affaire;
on me permettra de signaler tout particulièrement, en
ce qui concerne les B. H'alima et les A'chacha, M. Mon-

tière, aujourd'hui administrateur à Renault; pour les A. Ferah', M. d'Audibert de Lussan, administrateur des Bràz, et pour l'Ouarsenis, mon frère, M. Georges Basset, aujourd'hui administrateur-adjoint à Aumale.

J'ai adopté pour cette publication le plan que j'ai suivi pour mon *Étude sur la Zenatia du Mzab et de Ouargla*[1] et mon mémoire sur le *Dialecte de Taroudant*[2]. Après quelques renseignements historiques, j'ai donné des notes grammaticales en prenant pour cadre mon *Manuel de langue kabyle*[3]; viennent ensuite quelques textes, et enfin un double glossaire des dialectes étudiés ici : l'un français-berbère, l'autre berbère-français par ordre de racines. Dans ce dernier, comme dans la grammaire, on trouvera constamment des références au dialecte des B. Menacer; elles ont pour but de montrer la parenté étroite qui unit ces cinq branches de la Zenatia.

Lunéville (Meurthe-et-Moselle), 30 juillet 1895.

1. Paris, 1893, in-8.
2. Florence, 1895, in-8.
3. Paris, 1887, in-12.

PREMIÈRE PARTIE

RENSEIGNEMENTS HISTORIQUES

CHAPITRE PREMIER

Ouarsenis.

La commune mixte de l'Ouarsenis comprend actuellement les tribus suivantes : Beni Indel, Tamellah'at, Oulad Bessem Gheraba, O. Bessem Cheraga, O. Amar, B. Ouazan, B. Lassen, Beth'aia, B. Cha'ïb, O. Ghalia, B. Bou 'Attab, B. Bou Sliman, B. Bou Khaunous.

§ 1. — Beni Indel.

Le nom de cette tribu est écrit souvent par erreur Hindel. La vraie forme est Indel اِنْدَل [1] : ils remplacèrent, d'après leurs traditions, une autre population berbère, les B. Tifedma. Elle contient les fractions suivantes :

a) El-Hoouara
- Boqa' Oulad Ma'ammar.
- — Tarhiba.
- — El-Kabnia.
- — Métidja.

Ce nom de Métidja, porté par une fraction qui habite une plaine fermée par des montagnes, montre l'in-

---

1. Cf., dans mes *Dictons satiriques de Sidi Ah'med ben Yousof* (Paris, 1890, in-8), ceux qui ont cours contre les B. Indel (n°⁸ 94 et 95, p. 81).

exactitude de l'étymologie latine (Mattidia) proposée
pour expliquer le nom de la grande plaine de la Métidja, aux environs d'Alger, étymologie qui est encore
reproduite aujourd'hui[1].

b) Tha'aliba $\Big\{$ Boqa' Sounad.
       — Oulad Bel Khalfa.

Ces Tha'aliba sont sans doute une fraction de la
grande tribu Ma'akil du même nom qui s'établit dans
la Métidja lorsque son territoire, où était situé Médéa,
lui fut enlevé par les B. Toudjin[2].

c) Mehalis $\Big\{$ Boqa' Miliana.
       — Chenour a.
       — El-Foouaar.

Si l'on considère qu'un des k'çour du Touat porte,
comme cette fraction des Mehalis, le nom de Miliana,
on rejettera l'étymologie latine de Malliana proposée
pour la ville de Miliană. Comme le chef de la dynastie
ziride, Bologguin ben Ziri, qui fonda la ville de Miliana,
appartenait à la grande famille berbère des Senhadja,
il est probable que les Miliana des B. Indel représentent
une fraction d'origine senhadja établie dans l'Ouarsenis
au temps de Bologguin, c'est-à-dire à la fin du IVᵉ siècle de l'hégire et absorbée plus tard par l'invasion zenata. C'est ainsi que Médéa (Lemdia) construite en
même temps que Miliana et Alger par Bologguin, prit
le nom des Lemdia, tribu senhadja[3].

---

1. Cf. *Dictons satiriques*, p. 32-33, note 4.
2. Ibn Khaldoun, *Histoire des Berbères*, tr. de Slane, t. I, p. 92, 123 (Alger, 1852, in-8).
3. Ibn Khaldoun, *Histoire des Berbères*, tr. de Slane, t. II, p. 50 (Alger, 1854, in-8).

d) Djebelia ⎰ Boqa' Bou Djema'ah.
⎱ — El-Ouatit.
— El-Megta'a.

Les B. Indel ne parlent qu'arabe. Il existait autrefois deux mosquées sur leur territoire : celle des O. Sidi Mimoun et celle de Sidi O'mar ; un incendie détruisit leurs bibliothèques au temps du bey d'Oran Moh'ammed el-Kebir. Au temps des Turks, les B. Bou Djema'ah et deux fractions, aujourd'hui disparues, les O. Dedjerat et les Ararga, parlaient encore berbère.

C'est sur le territoire des B. Indel que s'élèvent les deux pics de l'Ouarsenis, dont le plus élevé ne le cède en hauteur qu'au Chellia de l'Aouras. Du sommet de ce pic qui porte le nom de Si 'Ammar, la vue s'étend au sud jusqu'au fond du Sersou, au milieu duquel se détache la Montagne carrée, près de Tiharet ; à l'ouest on distingue une succession de vallées et de prairies entourées de forêts et une chaîne de montagnes où se dresse le Tamdrara ; elles aboutissent à la plaine du Chélif qui s'allonge, limitée au nord-ouest par une chaîne du Dhahra et les montagnes de Ténès au nord. — Au nord-est on aperçoit le pic du Zakkar au pied duquel une ligne blanche représente Miliana ; au delà, derrière une série d'élévations, le Chenoua ; à l'est et au sud-est se succèdent de nombreuses montagnes dont quelques-unes sont couvertes de cèdres : elles viennent se rattacher à celles qui forment la limite septentrionale du Sersou.

Le second pic, nommé Sidi Bou'l-Kheirat, est moins élevé que le premier. Sur la plate-forme qui le surmonte on voit encore des traces de maçonnerie indiquant qu'un poste romain y était installé : le chemin qui y donnait accès et dont on trouve encore les restes montait par l'ouest, appuyé sur des rochers dont l'éboulement a amené une solution de continuité. On donne à ce plateau le nom de *Dar bent es-solt'ân*. D'après une légende, la fille d'un roi des Roum était assiégée par les Arabes et manquait d'eau. Elle eut recours à un architecte très habile qui parvint à amener l'eau sur le pic en la faisant filtrer à travers les rochers. De là vient le nom donné à une fontaine : *Aïn Serb* (سرب, se glisser).

Aujourd'hui, la montée est embarrassée par des blocs de rochers qui forment dans la prairie comme des coulées de pierres : aux deux tiers de la hauteur, une gorge sépare de ce pic une masse de 50 mètres qui se dresse comme un ouvrage avancé. Sur le versant sud, on aperçoit d'en bas une grotte inaccessible depuis l'écroulement du rocher qui en permettait l'accès : les indigènes prétendent qu'elle traverse la montagne et que, lors de l'invasion arabe, les Berbères s'y réfugièrent, s'y retranchèrent, laissant les envahisseurs à leurs pieds et y enterrèrent leurs trésors[1]. Près du sommet, il existe trois réservoirs rectangulaires : le premier et le troisième ont environ 5 mètres de long sur 2 de large; celui du milieu a 9 mètres de long; ils sont formés par des masses de pierres reliées par du ciment.

---

1. Sur les légendes relatives aux trésors enterrés en Afrique, cf. la préface de mes *Contes populaires berbères*, p. v-x (Paris, 1887, in-18).

§ 2. — Tamellah'at.

a) El-Ouata { Boqa' El-Ousaif.
— Ed-Douafla.

b) Grib { Boqa' El-Menkouch.
— Boutrik.

c) Talbat.

Les Tamellah'at parlent tous arabe. Sur le territoire se trouve le marabout de Sidi 'Aïssa ben Fekroun.

Ruines romaines : près du bordj des B. Indel : Kherbat el-H'anech (ruine du Serpent), et auprès, Kherbat el-Amar b. Khattech, peu considérable ; Kherbah Sidi-Guermech. A une heure du bordj, et près d'un sentier conduisant chez les Tamellah'at, j'ai trouvé des fragments de tombe et une inscription latine de basse époque.

§ 3. — Oulad Bessem Gheraba[1].

a) Rouaba.

b) O. Ameur.

c) El-Meh'al.

d) O. 'Abd Allah.

e) Lh'assenia.

Les O. Bessem (اولاد بسام) Gheraba parlent tous arabe.

Ruines romaines : Kherbah ben 'Abd el-Melik, qui aurait, disent les indigènes, l'étendue d'une ville ; Kherbat el-Benia : on raconte que des chrétiens y ont trouvé des inscriptions (?) et qu'un certain Moh'ammed ben

1. Cf. *Dictons satiriques de Sidi Ah'med*, § 96-96, p. 82.

Djelloul, s'y étant endormi, entendit couler de l'eau sous la terre[1].

Sur le territoire de cette tribu s'élève la Djami' el-H'assenia et la qoubbah de Sidi 'l-H'asen ben 'Ali que les B. Lassen regardent comme leur ancêtre : il y a sans doute une assimilation de leur nom berbère *Ilisen* avec le nom arabe El-H'asen.

§ 4. — Oulad Amar.

a) Daya.

b) Akerma Cheraga.

c) Oulad ben Ya'qoub.

d) Nouaçer.

e) Cherarda.

f) Zaouia.

g) Hatatcha.

h) Daouasen.

i) Oulad Sidi Yah'ya.

j) Chetath'a.

Les Akerma se rattachent au chef éponyme 'Akerma ('Ikrima), fils de 'Abs, issu de Zoghba, ancêtre d'une tribu arabe qui envahit l'Afrique au xiᵉ siècle[2]. Ils sont appelés par Ibn Khaldoun Benou Akerma ben Mezroua' b. S'aleh', subdivision des Dialem qui s'étaient établis dès le xivᵉ siècle dans le pays d'Ouzina, au sud de l'Ouarsenis[3].

On voit sur leur territoire, à gauche de la route qui

---

1. C'est celle qui est indiquée sous le nom de 'Aïn Kherb par M. Waille, *Une reconnaissance archéologique entre Teniet-el-Had et Tiaret* (*Bulletin de Correspondance africaine*, t. II, 1884, p. 460-461).

2. Cf. Ibn Khaldoun, *Histoire des Berbères*, t. I, p. 89.

3. Ibn Khaldoun, *Histoire des Berbères*, t. I, p. 102.

conduit du bordj des Beni Indel à Tiharet, près de la source de Aïn-Deriès deux monuments en ruines, à 30 mètres l'un de l'autre : ils sont formés par des assises d'énormes pierres taillées régulièrement. Le plus grand et le mieux conservé a environ 15 mètres de long sur autant de large ; il reste cinq lignes de pierres superposées en gradins. Les indigènes qui ignorent l'origine de ces constructions, les attribuent aux *Djohala* (païens). Tous les O. Amar parlent arabe.

§5. — **Oulad Bessem Cheraga**.

a) El-Ouabed.

b) Serahra.

c) O. Dahman.

d) B. Djerten.

e) O. Sidi 'Abd er-Rah'man.

Les B. Djerten étaient rattachés par Sabiq et les généalogistes de son école à Ouestif, frère de Djana et de Semgan, ancêtre des Miknasa dont on trouve encore une fraction dans la commune mixte de 'Ammi-Mousa, sur la route de Tiharet et la limite de l'Ouarsenis[1]. Ce fut du reste un Miknasa, Mesala ibn Habbous, qui obtint du khalife fatimite 'Obeïd Allah le gouvernement de Tiharet et du Maghreb central.

Ruines romaines : Kherbah Mer'aselia (مرسليّة) en deçà de l'Oued el-Abiodh ; Kherbat el-Djilali, de l'étendue du bordj des B. Indel, près de la qoubbah de Sidi 'Abd er-Rah'mân el-Hoouari, qui vivait au temps des Turks ; Kherbah ben 'Adzba, dans la plaine ; Kherbah Ghar ech-

---

1. Ibn Khaldoun, *Histoire des Berbères*, t. I, p. 258.

Cha'ïr (ruine de la Grotte de l'orge), assez considérable. Les plus importantes sont celles appelées Tadjera près de la montagne de ce nom. Elles seraient aussi étendues que le village de Teniet-el-H'ad[1]. Une légende prétend qu'elles sont les restes d'une ville bâtie par H'assan el-Aouel (?) au temps de Sidi 'Oqbah, sur le territoire des Sbiba.

C'était à Tadjera qu'habitait la tribu des Oulad ben Gharrou, qui aurait donné asile à Sidi Ah'med ben Yousof (ix⁰ siècle de l'hégire), fuyant la persécution des B. Zeyân de Tlemcen[2]. Les B. Gharrou auraient été remplacés par les O. Bessem. A Tadjera, il existe, dit-on, une pierre avec inscription arabe : ce que je n'ai pu vérifier.

On y voit deux mosquées : Djami' Rahta et Djami' Gouraya, bâties du temps des Turks.

L'arabe est seul employé chez les O. Bessem Cheraga.

§ 6. — B. Ouazan[3].

a) B. Ouazan.
b) O. Hellaga.
c) Lebanin.
d) O. S'alah' ben S'alah'.
e) El-'Atatfa.
f) O. Khalifa.

Les 'Atatfa se rattachent à 'Attaf b. Roumi b. H'areth

---

1. Les ruines du territoire des O. Bessem Cheraga sont indiquées sans désignation précise par M. Waille, *Une reconnaissance archéologique*, p. 461.
2. Cf. *Dictons satiriques*, n⁰ˢ 64, p. 60-61.
3. Cf. *Dictons satiriques*, n° 102, p. 83.

b. Malek qui donna à une branche des Zoghba le nom qu'on trouve porté aujourd'hui par un village (Les Attafs) de la plaine du Chélif[1] dans laquelle s'était fixée la plus grande partie de cette fraction[2].

Les B. Ouazan ne parlent que l'arabe : leur territoire renferme la zaouïah de S'alih' b. S'alih' es-Souali.

Ruines romaines : A une heure et demie du bordj des B. Indel', dans la plaine, Kherbah, peu considérable ; à une heure du bordj, Kherbat el-Qas'bah (ruine du Château) ; à deux heures de là, dans une plaine près de l'O. Bou Kethir, Kherbah Souma (ruine du Minaret), peu importante. A cinq heures du bordj, près du mont Sadia, Kherbah Dzair, où l'on voit encore des murailles.

§ 7. — Beni Lassen[3].

Le nom exact de cette tribu est *Ilisen* (ﯨلﺴﻦ) et elle se rattache à un ancêtre éponyme. Ilisen, un des quatre fils de Looua, fils de *Matmat*[4]. C'est sans doute cette tribu que désigne Ibn Khaldoun[5] quand il dit : « Un débris des *Matmata* habite aujourd'hui (xive siècle) le Ouarchenis ; il s'y réfugia à l'époque où les B. Toudjin, peuple zénatien, lui enlevèrent le territoire de Mindas[6] ; c'est maintenant une peuplade soumise à l'impôt. » Il existe d'ailleurs des Matmata dans la commune mixte de 'Ammi-Moussa où ils s'étaient installés de

1. Cf. *Dictons satiriques*, nᵒˢ 59-60, p. 60.
2. Ibn Khaldoun, *Histoire des Berbères*, t. I, p. 94, 100.
3. Cf. *Dictons satiriques*, nᵒ 103, p. 83.
4. Ibn Khaldoun, *Histoire des Berbères*, t. I. p. 245.
5. *Histoire des Berbères*, t. I, p. 248.
6. Mindas, aujourd'hui Mendès, est situé sur la route de Relizane à Tiharet.

bonne heure, suivant Ibn Khaldoun[1] et où ils guer-
royaient au temps de Badis ben Mans'our et de H'am-
mâd b. Bologguin au commencement du xi° siècle de
notre ère (v° siècle de l'hégire).

Les Beni Lassen ne parlent qu'arabe.

a) O. Saïb.

b) Khadidja.

c) Rezazga.

d) O. Melh'a.

e) El-Khenancha.

f) O. ben Amar.

g) O. Ah'med.

Ruines romaines : A Moulia, à droite du H'ammàm,
près de la montagne de ce nom, on trouve des briques
et des pierres de taille, restes d'une construction plus
petite que le bordj des B. Indel. D'autres débris exis-
tent à Aïn-Titer'sen, près d'un figuier.

§ 8. — Beth'aia.

a) O. Amara

b) O. 'Ali   } parlent berbère.

c) El-Gheraba

d) Chenachenia

e) Rouabah   } ne parlent qu'arabe.

f) Lemchan

Ce nom est sans doute le même que celui de la ville
d'El-Bath'a, bâtie par l'Almohade 'Abd el-Moumen sur
les bords du Chélif et aujourd'hui disparue.

---

1. *Histoire des Berbères*, t. I, p. 246-247.

§ 9. — **B. Chaïb**.

a) B. Dzouli.

b) O. Battan.

c) O. Soda.

d) O. Setti.

e) B. Sodan.

Sur le territoire de cette tribu sont établies les zaouïas de Nogor et de Mbatnin.

Ruines romaines : A trois heures et demie du bordj des B. Indel, Kherbah Baâmer. Dans la plaine, Kherbah Soumara. Sur une colline voisine de la maison du qaïd, sur la rive droite de l'O. Foddha non loin de la route de Teniet-el-H'ad, j'ai relevé une inscription funéraire, assez effacée et gravée sur une pierre d'un mètre de long. A quelque distance de la route de Teniet et sur une montagne, Kherbah Sidi S'alah', ruines aussi considérables que le bordj des B. Indel. En face de Kherbah Ba'amer, il existe sur une montagne des ruines de mêmes dimensions que celles de Sidi S'alah' : elles sont appelées Kherbah 'Araq; on y voit la trace de maisons et de débris de murs de la hauteur d'un mètre.

Les Beni Chaïb ne parlent qu'arabe.

§ 10. — **O. Ghalia**.

O. Nas'er $\begin{cases} \text{Boqa' Rouainia.} \\ \text{— El-Khenancha.} \end{cases}$

El-Gueragueta $\begin{cases} \text{El-Gueragueta.} \\ \text{El-Kedadera.} \end{cases}$

Les O. Ghalia parlent arabe.

Entre les O. Ghalia et les B. Lassen existe la zaouïah de Ben 'Ammar ; on trouve sur le territoire de cette tribu la h'aouit'ah d'En-Na ïmi.

A 7 kilomètres du bordj, on voit les cascades et les sources ferrugineuses et sulfureuses du H'ammâm Slimân (Bain de Salomon), entre deux rochers escarpés plus resserrés et plus pittoresques que ceux de Hammam Melouan. Sur la rive droite, le lit de la rivière est dominé par une roche rougeâtre : des stalactites gigantesques pendent l'une contre l'autre, entremêlées d'un fouillis de plantes grimpantes au travers desquelles on distingue des excavations assez profondes. La cascade tombe de cette roche, d'une hauteur de 25 mètres environ. Sur la rive gauche, le chemin aboutit à des constructions élémentaires : une piscine élevée à mi-hauteur d'homme est remplie d'une eau ferrugineuse et sulfureuse, à 27°, sans cesse renouvelée.

Un chemin de traverse conduit aussi à cet endroit : en sortant du bordj, on longe continuellement le flanc des montagnes. Après avoir contourné le pic de Bel-Kheirat, on suit des sentiers ombragés de figuiers, de vignes, de chênes et d'églantiers, servant de haies à des vergers de poiriers, de pêchers et d'abricotiers. En approchant du H'ammâm, le paysage prend un aspect plus sauvage : les crêtes taillées à pic et dont l'une porte des cèdres reposent sur des lignes de schiste et d'ardoise, bleues et grises, enserrées dans les blocs rouges des roches ferrugineuses.

On a donné à ces bains le nom de H'ammâm Slimân parce que, suivant la légende, ce serait là que le roi Salomon aurait enfermé les génies chargés de lui chauffer ses bains : cette tradition s'applique chez les musul-sulmans à toutes les eaux thermales[1].

Ruines romaines : A Kherbah Beni Allah, on voit les ruines d'une maison et deux colonnes.

§ 11. — B. Bou 'Attab'.

Ils parlent arabe et berbère.

a) Bou Menia.

b) Khanchoufa.

§ 12. — B. Bou Sliman'.

Lardjem	Boqa' El-Ouabi.
	— Kerarma.
	— Oulad El-H'adj.
Mekaldia	Boqa' El-Abais.
	Cherarchema.
Djebelia	Boqa' El-Maban.
	— Kodem.
Sindjas	Boqa' B. Issoud.
	— B. Ziten.

Les B. Sindjas étaient d'origine maghraoua (zenata), d'après Ibrahim ben 'Abd Allah et-Timzoughti, « pre-mier généalogiste zénata de son époque[4]. » Un de leurs chefs, Abou 'l-Fotouh' ibn H'abbous, seigneur de Mé-déah, fut mis à mort par En-Nâs'er, prince h'ammadite, fondateur de Bougie (454-481 hég.).

---

1. Cf. le premier chapitre de mon étude sur *Solaïmàn* (Salomon) *dans les légendes musulmanes (Revue des Traditions populaires).*

2. Cf. *Dictons satiriques*, n° 101, p. 83.

3. Cf. *Dictons satiriques*, n° 99, p. 82.

4. Ibn Khaldoun, *Histoire des Berbères*, t. III, p. 275 (Alger, 1855, in-8).

Sur le territoire de cette tribu on voit une qoubbah de Sidi Bou Sliman, son ancêtre éponyme; plusieurs autres de Sidi ʿAbd el-Qâder el-Djilâni ; une h'ouit'a consacrée à Sidi Ah'med ben Yousof, la zaouïah des Mekhaltia et celle des O. El-Maban.

Ruines romaines : A une heure et demi du bordj, Bâmer où subsiste une sorte de village; entre Bâmer et l'Oued Radjem, Larba', où il reste des colonnes. Entre le bordj et l'O. Khachcheb, ʿAïn-Baiou : les indigènes en creusant ont trouvé des briques, une main et un bras de statue, une amphore.

Les O. Bou Sliman ne parlent qu'arabe.

§ 13. — B. Bou Khannous[1].

a) Zelamba
{
Boqaʿ El-Odadoua.
— El-Arobia.
— El-Bodja.
}

b) O. ʿAïssa
{
Boqaʿ O. Sidi Bou Zian.
— O. ʿArab.
}

c) O. Bou Noua
{
Boqaʿ O. Mans'our.
— O. El-Aiaida.
}

d) Berkan[2] Cheraga
{
Boqaʿ Djebelia.
— Bou Gachuch.
}

e) Riaha
{
Boqaʿ Larba'a.
— El-Mohammedin.
}

Cette fraction parle encore berbère.

f) Berkan Gheraba
{
Boqaʿ Amara.
— O. Moh'ammed.
}

Ruines romaines : Sur le territoire de cette tribu, on

1. Cf. *Dictons satiriques*, § 98, p. 82.
2. Du berbère *aberkan* ابركان, noir.

voit, près de l'O. Bou 'r-Rebbi, les ruines d'une construction carrée en pierres énormes, quelques-unes ornées de cannelures. Elles étaient reliées entre elles par du plomb dont on aperçoit encore les traces : l'une de ces pierres a environ un demi-mètre de long sur autant de large et un quart de mètre de haut. Des fouilles mettraient sans doute à jour des inscriptions.

Cette construction paraît avoir fait partie d'une ligne de tours du même genre qui se prolongeait jusqu'à Kaoua, dans le territoire de 'Ammi-Mousa[1]. En allant du bordj des B. Initel à ce dernier village, j'ai relevé les ruines suivantes : sur le bord de l'O. Sly[2], affluent du Chélif, dans le département d'Oran, après avoir dépassé le 'Arar fil Out'a, près de la rivière, au milieu d'un buisson de lentisques, une masse d'énormes blocs de pierre taillée, jetés les uns sur les autres. Les indigènes racontent que, sur les collines voisines, on trouve des ruines peu considérables. Un autre monument, situé entre les Dafelten[3] et les Ardjema, près de l'O. El-Ardjema, est encore assez bien conservé pour qu'on reconnaisse sa forme quadrangulaire; quelques blocs portent des traces d'ornementation régulière ; d'autres, enfoncés en terre, forment une enceinte assez

1. Cf. Marchand, *Occupation romaine dans la circonscription d'Ammi-Mousa* (*Bulletin de la Société de géographie et d'archéologie d'Oran*, t. XV, 1895. 2e trimestre, p. 207-220)

2. L'O. Sly (pour *Isli*) tire sans doute son nom, comme la célèbre rivière de la frontière marocaine, de l'ancêtre éponyme des B. Isliten, une des fractions de la grande tribu des Nefzaoua (cf. Ibn Khaldoun, *Histoire des Berbères*, t. I, p. 227).

3. Le nom de Dafelten est le même que Dafliten, surnom d'Ouzmar, ancêtre de Moh'ammed ibn 'Abd el-Qaoui ibn Ouzmar (cf. Ibn Khaldoun, *Histoire des Berbères*, t. I, p. 200).

vaste. L'on voit près du chemin les traces de deux tours entre lesquelles ont poussé des lentisques et des chênes.

En continuant vers 'Ammi-Mousa, on trouve des traces de constructions de ce genre sur la rive gauche et la rive droite de l'O. Sly. Sur la rive droite, j'en ai relevé trois dont le plus considérable est appelé Qas'r el-H'adj Sliman, et un sur la rive gauche, nommé Qas'r et'-T'aouil ; c'est le mieux conservé. Il se compose de quatre parties séparées l'une de l'autre par une distance de 30 mètres, et affectant la forme d'un quadrilatère. Trois de ces parties sont sur la même ligne; l'une d'elles n'est plus qu'un groupe de pierres pêle-mêle; la seconde est formée de blocs qui ont conservé une façade presque intacte; la troisième présente un angle bien marqué, montrant l'intérieur et l'extérieur de l'édifice, auprès d'un cercueil de pierre dont le couvercle a disparu. En face, une quatrième partie forme un angle.

Les B. Bou Khannous, seuls de toutes les tribus de l'Ouarsenis, ont conservé l'usage de promener dans les champs, avant les semailles, une chéchia, un bâton et une chaussure qu'ils prétendent avoir appartenu à leur ancêtre. Cette cérémonie a pour but de rendre la récolte abondante.

Les Bellatrech et les B. Mekhalif, tribus berbères de la commune mixte de Kherba, promènent également devant leur charrue, au moment des semailles, la coiffure et le bâton de leur ancêtre.

CHAPITRE II

Les Oulad Ben H'alima.

D'après la tradition populaire, la tribu des Oulad Ben H'alima serait formée de Maghraoua appartenant à la fraction des Sedama qui s'étend aussi sur le territoire des Eghris Cheraga, à l'est de Mascara. Les Sedama rattachent leur origine à 'Abd er-Rah'man ben Mendil qui aurait régné à Mazouna et serait venu en aide à l'Omayade 'Abd er-Rah'man, lorsque, après le massacre de sa famille par les Abbasides, ce prince fuyait dans le Maghreb d'où il passa en Espagne où il fonda le khalifah de Cordoue. Parmi eux habitent des familles des Sbih'a[1], descendants de Sobeïh' ben 'Hàdj b. Malek b. Zoghba[2], des Beni Hilàl.

Les O. Ben H'alima ont pris leur nom d'un marabout du xie siècle de l'hégire, Si Ben H'alima ben Ah'med qui vint s'établir chez eux. Des gens de Bordj ayant enlevé ses troupeaux, El-As'fer bou Neggàb les lui fit rendre : en récompense, le marabout appela sur lui et sa famille les bénédictions divines et les Negaïbia jouirent depuis cette époque d'une autorité considérable.

---

1. Cf. *Dictons satiriques*, n°s 35 et 36, p. 52-53.
2. Cf. Ibn Khaldoun, *Histoire des Berbères*, t. I, p. 101.

CHAPITRE III

Kherba[1].

Les Aït Ferah', dont un spécimen du dialecte est donné plus loin, font partie de la commune mixte des Brâz qui comprend un grand nombre de Berbères : voici la liste des tribus et des douars dont elle se compose :

Confédération des Brâz[2].

Brâz El-Gheraba : Douar Tharia, qui formait l'ancienne tribu des O. 'Aïssa.

Brâz {
D. Chemla (ancienne tribu des O. Yah'ya).
D. B. Merah'ba   (Kabyles).
D. B. Mahaussen (Kabyles).
D. B. Sliman   (Kabyles).
D. B. Boukni.

Brâz ech-Cheraga : D. El-H'arrar du Chélif.

Du temps des Turks, les B. Merah'ba étaient toujours en guerre contre l'autorité centrale. Sur son territoire se trouve la qoubba de Sidi Ya'qoub.

Confédération des B. Zougzoug.

D. Oued Djelida, formé des anciennes tribus des O. Mira et des O. Bakhta.

---

1. D'après des documents communiqués par M. d'Audibert de Lussan, administrateur de la commune mixte des Brâz.

2, Cf. *Dictons satiriques*, n° 77, p. 67.

La qoubba de Sidi Ben Mira existe sur son territoire.

D. Oued Ouaguenag, formé des Ouzaghra et des O. 'Abbou.

D. Ahl El-Oued, dont les membres se donnent encore le nom de B. Zougzoug.

Douars indépendants.

D. B. Ghomerian (Arabes mêlés de quelques Kabyles).

D. El-'Aneb, formé d'une ancienne tribu des Brâz et d'une partie des A. Ferah' (Kabyles).

D. Bou Rached (marabouts arabes, sauf une fraction); sous les Turks, ils étaient administrés par une djema'ah.

D. Tacheta (Kabyles) : administrés du temps des Turks par une djema'ah.

Zouggar'a (Kabyles).

Avant la conquête française ce territoire était, comme toute l'Algérie et surtout la Kabylie, en proie aux guerres intestines.

D'un côté on trouvait la confédération des Brâz comprenant les O. 'Aïssa (D. Tharia), les O. Yah'ya (D. Chemla), les B. Merah'ba, les B. Mahaussen, les B. Sliman, les B. Boukni, les H'arrar du Chélif et les Brâz d'El-'Aneb auxquels se joignaient les O. Mira et les O. Bakhta (O. Djelida des B. Zougzoug), les Ahl El-Oued et les B. Ouaguenag.

De l'autre se tenaient les B. Ferah' d'El-'Aneb, les B. Ghomerian, les Bou Rached, les Tacheta, les Zouggar'a joints aux B. Bou Mileuk de la commune mixte actuelle de Gouraya et aux Attafs.

Dans leur lutte contre les Arib, les B. Menacer et les Hachem, les B. Zougzoug (O. Mira, O. Bakhta, Ouza-ghra, O. 'Abbou et Ahl El-Oued) avaient pour alliés les Bou Rached.

DEUXIÈME PARTIE

GRAMMAIRE[1]

CHAPITRE PREMIER

Phonétique.

§ 7-8. — Le tableau suivant est destiné à montrer les rapports phonétiques des quatre dialectes : A'chacha, Haraoua, Ouarsenis, B. H'alima avec le B. Menacer d'une part et le Zouaoua de l'autre. La parenté étroite qui existe entre les cinq premiers est des plus évidentes : on remarquera que le Haraoua, le plus oriental de tous, a des tendances à se rapprocher du Zouaoua : chez lui le *g*'sert quelquefois d'intermédiaire entre le *i* des autres dialectes et le *g* du Zouaoua.

1. Les chiffres des paragraphes correspondent à ceux de mon *Manuel de langue kabyle*.

	Zouaoua.	A'chacha	Ouarsenis.	Haraoua.	B. H'alima.	B. Menacer.	Touareg.
ا a							
ب b	b		ou	oub	ou		
	inebgi		anouji	anoulji	anouji		
	hôte ينبكي		hôte اوزى	hôte اوزى	hôte اوزى		
	b	b	b	b	b	b	
	ibaouen	ibaouen	ibaouen	ibaouen	ibaoun	ibaouen	
	fèves ياون	fèves ياون	fèves ياون	fèves ياون	fèves ياون	fèves ياون	
	b		ou	ou		ou	
	thabbourth		thaouourth	thaouourth		thaououarth	
	porte نبورث		porte نورث	porte نورث		porte نورث	
	b		b			b	
	bed		bed			bed	
	se poser بد		se lever بد			se tenir بد	
ت t							t
ت ts							ettou
	ts	t	t				oublier ﺗ+
	tsou	ettou	tou				
	oublier نو	oublier اتو	oublier نو				
ث th	th	d'	th			d'	
	ithbir	ad'bir	ithbirin			ad'bir	
	pigeon بثير	pigeon اذير	pigeons بثيرين			pigeon اذير	

	Zouaoua.	A'chacha	Ouarsenis.	Haraoua.	B. H'alima.	B. Menacer.	Touareg.
	th	th	th	th	th	th	t
	ithri	ithri	ithri	ithri	ithri	ithri	atri
	étoile يثرى	étoile يثرى	étoile يثرى	étoile يثرى	étoile يثرى	étoile يثرى	étoile ⵆ+
ج dj							
ح h'							
خ kh	kh	kh	kh	kh	kh	kh	r'
	ikhf	ikhf	ikhf	ikhf	ikhf	ikhf	ir'ef
	tête يخف	tête يخف	tête يخف	tête يخف	tête يخف	tête يخف	tête ⵋⵉ
ج tch	tch	tch	tch	tch	tch	tch	kch
	etch	etch	etch	etch	etch	etch	ekch
	manger اج	manger اج	manger اج	manger اج	manger اج	manger اج	manger ⴹ⵬
د d							
ذ d'	d'	d'	d'	d'	d'	d'	d
	ad'rar	ad'rar	ad'rar	ad'rar	ad'rar	ad'rar	adrar ⵔⵔⵏ
	montagne اذرار	montagne اذرار	montagne اذرار	montagne اذرار	montagne اذرار	montagne اذرار	montagne
	d'	d'	d'	d'	d'	d'	
	ad'ef	ad'ef	ad'ef	ad'ef	ad'ef	ad'ef	
	entrer اذب	entrer اذب	entrer اذب	entrer اذب	entrer اذب	entrer	
	d'	d'	d'	d'	dh	d'	dh
	thad'out'	ad'ouft	thad'oufth	thad'ouft	thadhouft	thad'ouft	thadhouft
	laine نذوط	laine اذوبت	laine نذوبت	laine نذوبت	laine نذوبت	laine نذوبت	laine +Ǝⵉ⵺+

	Zouaoua.	A'chacha.	Ouarsenis.	Haraoua.	B. H'alima.	B. Menacer.	Touareg.
	d'	dh	d'	d	dh	d'	dh
	dhad'	adh	dhad'	dhad	dhadh	dhad'	adhadh
	doigt صناد	doigt اض	doigt صناد	doigt صناد	doigt صناض	doigt صناد	doigt ⵈⵈ
r	r	r	r		r	r	
	abrid'	abrid'	abrid'		abrid'	abrid'	
	route ابريد	route ابريذ	route ابريد		route ابريذ	route ابريد	
z	z		z	z	z		h
	thiziri		thaziri	thaziri	taziri		ahar
	زيرى		زيرى	زيرى	زيرى		figue ⵔⵝ
	clair de lune		clair de lune	clair de lune	clair de lune		
	z	z		z	z	z	h
	thazarth	hazarth		thazarth	thazarth		ahel
	figuier زارث	figue حزارث		figuier زارث	figue		courir ⵍⵝ
	z	z	z	z	z	z	
	azzel	azzel	azzel	azzel	azzel	ezzel	
	courir ازل	courir ازل	courir ازل	courir ازل	courir ازل	courir ازل	courir
j							
s	s	s	s	s	s	s	s
	ers	ers	ers	ers	ers	ers	ers ⵔⵔ
	descendre ارس	descendre	descendre ارس	descendre ارس	descendre ارس	descendre ارس	descendre

---

	Zouaoua	A'chacha	Ouarsenis	Haraoua	B. H'alima	B. Menacer	Touareg
ش ch	ch	h'					
	achamar اشمار	ah'marth					
	barbe	barbe اجارت					
ص ç							
ض dh	dh	d'	dh	dh	d'	dh	dh
	adhar	d'ar	dhar	dhar	d'ar	dhar	adhar
	pied اضار	pied ذار	pied صنار	pied صار	pied ذار	pied صار	pied ⵔⵃ
	dh	d'	dh				
	erdhel	erd'el	erdhel				
	prêter ارضل	prêter ارذل	prêter ارضل				
	dh	d'	d		d'	dh	dh
	asemmedh	asoummed'	asommid		asoummed'	asoummidh	semmedhen
	froid اصمض	froid اسومذ	froid اصميد		froid اسومذ	froid اصمض	froid ⵎⵝⵔ
	dh	d'	d'	d'	d'	d'	dh
	adhou	ad'ou	ad'ou	ad'ou	ad'ou	ad'ou	adhou
	vent اضو	vent اذو	vent اذو	vent اذو	vent اذو	vent اذو	vent ⵟ
	dh	dh	dh	dh	dh	dh	dh
	aoudh	aouodh	aouodh	aouodh	aoudh	aoudh	aoudh
	arriver اوض	arriver اوض	arriver اوض	arriver اوض	arriver اوض	arriver اوض	arriver ⵝⵔ
ط t'	t'		t'	t'	t'	t'	
	et't'es		et't'es	et't'as	et't'as	et't'es	
	dormir اطس		dormir اطس	dormir اطس	dormir اطس	dormir اطس	

	Zouaoua.	A'chacha.	Ouarsenis.	Haraoua.	B. H'alima.	B. Menacer.	Touareg.
	t' at'as beaucoup اطاس		t' aiet'a beaucoup ايطا	t' aiet'a beaucoup ايطا		t aitta beaucoup ايتا	
	t' et't'ef saisir اطف	t' et't'ef saisir اطف		t' et't'ef saisir اطف	t' et't'ef saisir اطف	t' et't'ef saisir اطف	t' et't'of saisir ‡Ꜳ
	t' thamet't'outh femme تطوط	t' amet't'outh femme امطوط	t' thamet't'oth femme تطط	t' thamet't'outh femme تطوط	t thamettouth femme تنتوت	t thamtout' femme تنتوط	t' tamet' femme +⊏Ɔ
ظ zh ع à	d thaàbbout' ventre تبوط			d taàbbout' ventre تبوط		d àbbout' ventre عبوط	
			d aàddist ventre اعديست	a aàddis ventre اعديس	a aàddis ventre اعديس	d aàddis ventre اعديس	
غ r'	r' ir'i lait aigre يغى	r' ar'i lait اغى	r' ar'i lait اغى	r' ar'i lait اغى	r' ar'i lait اغى	r' ar'il lait اغى	kh akh lait aigre ꞉꞉
	r' ar'i acheter اغ	r' usr'i acheter اسغى	r' ar' acheter اغ	r' ser' acheter سغ	r' ar' acheter اغ	r' ar' acheter اغ	

	Zouaoua.	A'chacha.	Ouarsenis.	Haraoua.	B. H'alima.	B. Menacer.	Touareg.
	r' ir'zer torrent يغزر	r' ir'zar rivière يغزار	r' ir'zar rivière يغزار	r' ir'zar rivière يغزار	r' ir'zer rivière يغزر	r' ir'zer rivière يغزر	r' ar'ahar rivière O⠶
ا ب	f ifer aile يفر	f itri aile يبرى	f afrioui aile ابريوى	f afer aile ابر	f ifarouen ailes يفارون	f afer aile ابر	f aferaou aile :O][
	f fad' soif فاذ	f foud' soif فوذ	f foud' soif فوذ			f foud' soif فوذ	f fad soif ⊓Ж
ف k'	k' k'en lier فن	k' ak'k'en lier اقن	k' ak'k'an lier اقن	k' ak'k'an lier اقن		k' k'en lier فن	k' ek'k'en lier l⋯
	k' amok'ran grand امقران	k' amek'k'eran grand امقران		k' amok'k'eran grand امقران	k' amok'ran grand امقران	k' amok'ran grand امقران	k' amek'k'ar grand O⋯⊐
ك k	k aberkan noir ابركان	k aberkan noir ابركان	z aberzan noir ابركان	z aberzan noir ابركان	ch aberchan noir ابرشان	z aberzan noir ابركان	
	k ikerri mouton بكرى			z izerri mouton بكرى	ch thicheri béliers نشرى	z zerri mouton كرى	k ekrar mouton OO⠶

Zouaoua.	A'chacha.	Ouarsenis.	Haraoua.	B. H'alima.	B. Menacer.	Touareg.
k ikourd'an puces يكوردان	k ikourd'an puces يكوردان	ch ichourd'an puces يشوردان	χ izourd'an puces يكوردان			
k tharkast chaussures زكاست				ch archas chaussure ارشاس	k arkas chaussure اركاس	
k thafoukth soleil ثفوكت	i fouith soleil بويت	i thfouith soleil ثفويت	ch thfouchth soleil ثفوشت	i thfouit soleil ثفويت	i fouith soleil بويت	k tafouk soleil +ⵏⵌ
		χ ih'alliχ malade يحليك	ch mah'lnchou malade محلشو	χ ah'liχ être malade احليك		
g thezgi fourré زگى		g thezgi fourré زگى	g thizgi fourré زگى	i thizii fourré		
g agerthil natte اكرثيل	i ajerthil natte ازرثيل	j ajerthil natte ازرثيل	j ajerthil natte ازرثيل	j ajerthil natte ازرثيل	thajerthilth natte زرثيلت	
g erzag être amer ارزاك		i amerzaioun amertume اصدزابون	i irzai amer برزاى			
g tharga mare زركا	i aria mare اريا		j tharja mare زرزا	i tharia mare زريا	i tharia mare زريا	
g argaz homme اركاز	i ariaz homme لريار	i ariaz homme اريار	i ariaz homme اريار	i ariaz homme اريار	i ariaz homme اريار	g ergech marcher ⵗⵜⵔ
g thagersa soc ثكرسا	i thaiersa soc نيرسا	i thaiersa soc نيرسا	g' thag'ersa soc ثكرسا	i thaiersa soc نيرسا	i aiersa soc ابرسا	
g mager se rencontrer مكر	i aiour aller ابور	i aiour aller ابور	g' oug'our aller وكور	i aiour aller ابور	i eiour aller ابور	
g amger faucille امكر	j amjer faucille امزر	j amjer faucille امزر	j amjar faucille امزر			
l aglim peau اكليم	l ailim peau ابليم	l ailim peau ابليم	l aglim peau اكليم	l ailim peau ابليم	l ailim peau ابليم	l ilem peau ⵌⵏ
m aman eau امان	m aman eau امان	m aman eau امان	m aman eau امان	m aman eau امان	m aman eau امان	m aman eau ⵏ

	Zouaoua.	A'chacha.	B. Menacer.	Ouarsenis.	Haraoua.	B. H'alima.	Touareg.
		m	*m*	*m*	*m*	*m*	
		amelzi	*amelzi*	*amelzi*	*amelzi*	*amelzi*	
		genévrier املزى	genévrier املزى	genévrier املزى	genévrier املزى	genévrier املزى	
	m	*m*	*m*	*m*	*m*	*m*	*m*
	amellal	*amellal*	*amellal*	*amellal*	*amellal*	*amellal*	*imellen*
	blanc املال	blanc املال	blanc املال	blanc املال	blanc املال	blanc املال	blanc ⵍⵍⵎ
ن n	*n*	*n*	*n*		*n*	*n*	*n*
	ini	*ini*	*ini*		*ini*	*ini*	*iu*
	dire نى	dire نى	dire نى		dire نى	dire نى	dire ⵏ
	n	*n*|	*n*	*n*	*n*	*n*	*n*
	igenni	*ajenna*	*ajenna*	*ajenna*	*ajenna*	*ajenna*	*ag'enna*
	ciel بكنى	ciel ازنا	ciel ازنا	ciel ازنا	ciel ازنا	ciel ازنا	ciel ⵉⵅ
ñ ن							
ñ ن							
h ▲		*h*				*h*	
		ahaddou				*heddou*	
		herbe اهدو				pâturage هدو	
ou و					*ou*	*bou*	
					thoud'ii	*thibouid'i*	
					pouliche نوذى	pouliche نبويذى	
i ى i	*i*		*i*			*i*	
	thiirsi		*aierzi*			*aierzi*	
	gorge نىرسى		gosier ابرزى			gosier ارزى	

Des pronoms.

§ 9-10. — *Pronoms personnels isolés.*

	B. H'alima.	A'chacha.	Ouarsenis.	Haraoua.	B. Menacer.
i	*netch* ج *netchi* نجى	*netch* ج	*netch* ج	*netch* ج	*netch* ج. *nech* نش *netchinti* نجنتى
(m.)	*chek* شك	*chek* شك	*chek* شك	*chek* شك	*chek* شك
(f.)	*chem* شم	*chem* نم	*chem* نم	*chem* شم	*chem* شم
e	*netta* نا	*netta* نا	*netta* نا	*netta* نا	*netta* نا
e	*nettat* نتات	*nettath* نتث	*nettatha* نناثا	*nettath* نتاث	*nettath* نتاث
us	*netchinin* نجينين	*netchnin* نجنين	*netchnin* نجنين	*nechni* نشنى	*netchenin* نجنين
us (m.)	*kounim* كونيم	*chemmin* شمين	*chennin* شنين	*chennin* شنين	*zennioun* كنيون
- (f.)	*kounimt* كونيمت	*chemmentin* شمنتين	*chennint* شنينت	*chennint* شنينت	*zenniount* كنيونت
x	*nithenti* نثنى	*nahnin* نهنين	*nahnin* نهنين	*nahnin* نهنين	*nahnin* نهنين
es	*nithentent* نثنتنت			*nehenti* نهنى	*nahnint* نهنينت

§ 11. — *Pronoms personnels affixes compléments d'un nom.*

	B. H'alima.	A'chacha.	Ouarsenis.	Haraoua.	B. Menacer.
de moi	*inou* بنو	*inou* بنو	*iou* بو	*inou* بنو	*inou* بنو، *iou* بو
de toi (m.)	*nich* نبش	*ennez* الك، *ennich* ابس	*ek* الٹ، *ez* الٹ	*ennich* ابش	*iz* الٹك، *enniz* بك
de toi (f.)	*ennem* انم	*ennem* انم	*im* بم	*ennem* انم	*im* بم، *ennim* انبم
de lui, d'elle	*ennis* انيس	*ennes* انس	*is* بس	*ennes* انس	*is* بس، *ennis* انيس
de nous	*ennar'* انّاغ	*enna* انّا	*ennar'* انّاغ	*ennar'* انّاغ	*ar'* اغ، *ennar'* انّاغ
de vous (m.)	*ennouen* انون	*ennouen* انون	*ennouen* انون	*enchem* انشم	*ennouen* انون
— (f.)		*ennouent* انونت		*enchemt* انشمت	*ennouent* انونت
d'eux	*ensen* انسن	*ensen* انسن	*ensen* انسن	*ensen* انسن	*ensen* انسن
d'elles	*ensent* انسنت	*ensent* انسنت	*ensent* انسنت	*ensent* انسنت	*ensent* انسنت

§ 12. — *Pronoms personnels affixes employés avec une préposition (compléments indirects d'un verbe).*

	B. H'alima.	A'chacha.	Ouarsenis.	Haraoua.	B. Menacer.
à moi	*ii* بي	*ii* بي	*ai* اى	*ai* اى	*ai* اى
à toi (m.)	*ach* اش	*ach* اش	*az* الٹ	*ach* اش	*iak* بك
— (f.)	*am* ام	*am* ام	*om* ام	*am* ام	*am* ام، *iam* بام
à lui, à elle	*as* اس	*as* اس	*as* اس	*as* اس	*as* اس، *ias* باس
à nous	*anar'* اناغ	*anar'* اناغ	*anar'* اناغ	*anar'* اناغ	*anar'* اناغ
à vous (m.)	*aouen* اون	*aouen* اون	*aouen* اون	*achem* انشم	*iaouen* باون
— (f.)	*aouent* اونت	*aouent* اونت		*achemt* انشمت	*iaouent* باونت
à eux	*asen* اسن	*asen* اسن	*asen* اسن	*asen* اسن	*asen* اسن، *iasen* باسن
à elles	*asent* اسنت	*asent* اسنت	*asent* اسنت	*asent* اسنت	*asent* اسنت، *iasent* باسنت

§ 13. — Le pronom affixe combiné avec la préposition *r'er* غر sert à rendre le verbe *avoir*.

	B. H'alima.	A'chacha.	Ouarsenis.	Haraoua.	B. Menacer.
j'ai	*r'eri* غرى	*r'eri* غرى	*r'eri* غرى	*r'eri* غرى	*r'eri* غرى
tu as (m.)	*r'erik* غربك	*r'erez* غرٹ، *r'erech* غرش	*r'erez* غرٹ	*r'erech* غرش	*r'erez* غرٹ
tu as (f.)	*r'erem* غرم	*r'erem* غرم	*r'erem* غرم	*r'erem* غرم	*r'erem* غرم
il a	*r'eres* غرس	*r'eres* غرس	*r'eres* غرس	*r'eres* غرس	*r'eres* غرس
nous avons	*r'ernar'* غرناغ	*r'erna* غرنا	*r'ernar'* غرناغ	*r'erna* غرنا	*r'ernar'* غرناغ
vous avez (m.)	*r'erouen* غرون	*r'erouen* غرون	*r'erouen* غرون	*r'erchem* غرشم	*r'erouen* غرون

	B. H'alima.	A'chacha.	Ouarsenis.	Haraoua.	B. Menacer.
us avez (f.)		r'erouent غرونت		r'erchemt غرشمت	r'erouent غرونت
ont (m.)	r'ersen غرسن	r'ersen غرسن	r'ersen غرسن	r'ersen غرسن	r'ersen غرسن
— (f.)	r'ersent غرسنت	r'ersent غرسنت	r'ersent غرسنت	r'ersent غرسنت	r'ersent غرسنت

§ 16. — *Pronoms affixes compléments directs d'un verbe.*

	B. H'alima.	A'chacha.	Ouarsenis.	Haraoua.	B. Menacer.
e	i ى	i ى	i ى	i ى	i ى
(m.)	ch ش	χ نك	ek الك, χ k	ich يش	χ الك, ik يك, ak الك
(f.)	m م	m م	m م	m م	m م
la	t ت, th ث, ith يث	ith يث	t ت, it يت, ith يث	it يت, ith يث	th ث, t ت
ous	nar' ناغ	na ناغ	nar' ناغ	nar' ناغ	ar' اغ
ous (m)	ouen ون	ouen ون	ouen ون	chem شم	ouen ون
— (f.)				cheml شمت	tchent چنت
s (m.)	ten نّ, then نّ	then نّ, hen هن,	then نّ, hen هن, ten نّ	then نّ, ten نّ	then نّ, hen هن
(f.)		thent ننت, hent هنت	thent ننت	thent ننت, tent ننت	thent ننت, hent هنت

§ 17. — Place des pronoms affixes :

B. H'alima : *mar'a* th *it'l'ef* ماغات يطف, comment il le prendrait; Ouarsenis : *ekhsen* at *etchen* اخسن ات اجن, ils voulurent la manger.

B. Menacer : *bach at d isoufer'* باش ات د يسوفغ, pour qu'il la fasse sortir; *asami* th *ioufa* اسامى ت يوفا, quand il l'eut trouvé.

§ 18. — Pronom réfléchi : il se rend :

1° Par *iman* يمان (personne) : A'chacha : *imanes* يمانس, lui-même; B. H'alima : *igou iman ennes immouth* يكو يمان انس يموث, il fit lui-même mort, il fit le mort.

2° Par *ikhf* يخف (tête) : Ouarsenis : *ikhfis* يخفيس, lui-même; Haraoua : *issen ikhf ennes iethk'el* يسن يخف انس يثغل, il savait lui-même lourd, il se savait lourd; B. Menacer : *irrou ikhfis d'amchboul* يرو يخفيس ذ امهبول, il rendit lui-même fou, il fit le fou.

§ 19. — Pronoms et adjectifs démonstratifs.

Haraoua, Ouarsenis, B. Menacer : *a* ا, ce; *ariaz a* اريازا, cet homme; Haraoua : *thamet'l'outh a* ثمطوتا, cette femme.

Haraoua, B. Menacer : *enni* انى, cela, celui-là.

B. Menacer : *agi* اكى, ce, ceci.

B. H'alima et B. Menacer : *ou* و, ce; B. H'alima : *iidh ou* يض و, cette nuit; B. Menacer : *imar ou* يمار و, alors (ce temps).

B. Menacer : *ai* اى, *ain* اين, c'est; *ain netch jither* اين نج زيثر, c'est moi le gypaète; *ma chi d* ماشى د, ce n'est pas; *ma chi d chek iaouin illis oujellid* ما شى د شك ياوين يليس وزلبد, ce n'est pas toi qui emmèneras la fille du roi.

Haraoua : *aia* ايا, ce, cette ; *iriazen aia* ايا يريازن, ces hommes ; *thised'nan aia* ايا نسذنان, ces femmes.

Haraoua : *aoua* اوا, ce.

§ 20. — Pronoms et adjectifs interrogatifs.

Haraoua, Ouarsenis, B. Menacer : *ma na* ما نا, qui se construit comme tous les pronoms interrogatifs et souvent les pronoms relatifs, avec le participe : Haraoua : *manaioui(n) loum* ما نا يوي(ن) لوم, qui a apporté la paille ? Ouarsenis : *mana d irah'an* مانا د يراحان, qui est parti ? ; B. Menacer : *mana id iousan* مانا يد يوسان, qui est venu ?

B. Menacer : *manais* ماناييس, *mana is iskerkouben* ماناييس يسكركوبن, qui fait ce tapage ?

Ouarsenis : *mi* مى, *mesmis* مسميس (ما اسم), qui, lequel.

Haraoua, B. Menacer : *mata* ماتا, quoi ? Haraoua : *mata r'eres* ماتا غرس, qu'a-t-il ? B. Menacer : *mata χ iour'an* ماتا خ يوغان, qu'est-ce qui te prend ? B. H'alima, Ouarsenis, Haraoua, B. Menacer : *mar'ef* ماغب, pourquoi ; B. H'a-lima : *mar'ef theroueld* ماعب زولد, pourquoi fuis-tu ? B. Menacer : *mar'ef ou houd'efdh* ماغب و هوذبحن, pourquoi n'entres-tu pas ? B. Menacer : *matami* ماتاى, pourquoi ? *matami htamessed ikhfik souad'fel* ماتاى هتمسد يخفيك سواذبل, pourquoi te frottes-tu avec de la neige ?

Haraoua : *makid* ماكيد, avec qui ; *makid tousid* ماكيد توسيد, avec qui es-tu venu ?

Haraoua : *mas* ماس, avec quoi ; *mas ihen tenr'id* ماس يبهن تنغيد, avec quoi les as-tu tués ?

§ 21. — Pronoms relatifs.

Haraoua : *ouin* وين, celui qui ; B. Menacer : *ouenni* وني, *enni* انى, celui qui, f. *thenni* تّى, celle qui.

Haraoua : *enni* اﻧﻰ, qui ; *zrir' ariaz enni d iousin* زرﯾﻊ
اﻟﺮﯾﺎز اﻧﻰ دﯾﻮﺳﯿﻦ, j'ai vu l'homme qui est venu.

Ouarsenis : *ma* ﻣﺎ, lequel.

B. Menacer : *ma* ﻣﺎ, qui.

B. Menacer : *r'ou* ﻏﻮ, ce que.

§ 22. — Pronoms et adjectifs indéfinis.

Ouarsenis : *chera* ﺷﺮا, quelques.

B. Menacer : *ennidhen* اﻧﯿﻀﻦ, autre.

B. Menacer : *oula h'ad'* وﻻ ﺣﺎذ, aucun.

B. Menacer : *koull* ﻛﻞ, chaque ; *koull asouggouas* ﻛﻮن
وﺳﻜﻮاس, chaque année.

Haraoua, B. Menacer : *koull idj* ﻛﻞ ﯾﺞ, chacun.

Haraoua : *d ouai* دوﯾﺎ, voici, f. *t ouai* ﺗﻮاى, le voici ;
d ouai netta دواى ﻧﺘ, le voici ; *t ouai nettath* ﺗﻮاى ﻧﺘﺎت, la
voici.

CHAPITRE III

Du verbe.

§ 23. — Conjugaison.

	(verbe *zer* زر, voir) **Ouarsenis.**		**Haraoua.**	
	aor. sans particule (prétérit)	aor. avec particule (futur)	aor. sans particule	aor. avec part.
1re p. c.	*zrir'* زريغ	*ad'ezrar'* اذ ازراغ زريغ	*zrir'* زريغ	{ *ad ezrar'* ادازراغ / *ad ezra* ادازراع
2e p. c.	*thezrat* نزرات	*atezrat* ازرات	{ *thezridh* نزريض / *thezrid* نزريد	*atezradh* ازراض
3e p. m.	*izrou* يزرو	*ad'izer* اذيزر	*izra* يزرا	*ad izer* ادبزر
— f.	*thezra* نزرا	*atezer* ازر	*thezra* نزرا	*atezer* ازر
1re p. c.	*nezra* نزرا	*anezer* ازر	*nezra* نزرا	*anzer* ازر
2e p. m.	*thezrim* نزريم	*atezrim* ازريم	*thezrim* نزريم	*atezram* اززام
— f.	*thezrimt* نزريمت	*atezrimet* ازريمت	*thezrimt* نزريمت	*atezramt* ازرامت
3e p. m.	*zerin* زرين	*ad'ezran* اذازران	*zrin* زرين	*adezran* ادازران
— f.	*zerint* زرينت	*ad'ezrant* اذازرانت	*zrint* زرينت	*ad ezrant* ادازرانت

	(verbe *effer'* ابغ, sortir) **A'chacha.**		(verbe *ouch* وش, donner) **B. H'alima.**	
	aor. sans particule	aor. avec particule	aor. sans particule	aor. avec part.
1re p. c.	*effer'er'* ابغغ	*ad effera* ادابغا	*ouchir'* وشيغ	{ *ad'oucher'* اذوشغ / *ad' oucha* اذوشا
2e p. c.	*effer'ed'* ابغذ	*ad effer'ed'* ادبغذ	*thouched* نوشد	*atouched* اتوشد
3e p. m.	*iffer'* يبغ	*aiffer'* ايبغ	*iouch* يوش	*ad' iouch* اذبوش
— f.	*theffer'* نبغ	*ateffer'* اتبغ	*thouch* نوش	*atouch* اتوش
1re p. c.	*neffer'* نبغ	*aneffer'* انبغ	*nouch* نوش	*anouch* انوش
2e p. m.	*effer'em* ابغم	*adeffer'em* ادبغم	*thouchem* نوشم	*atouchem* اتوشم
— f.				
3e p. m.	*effer'en* ابغن	*ad efferen* ادبغن	*ouchen* وشن	*ad'ouchen* اذوشن
— f.	*effer'ent* ابغنت	*ad effer'ent* ادبغنت	*ouchent* وشنت	*ad'ouchent* اذوشنت

(Verbe *zer* زر. voir) B. Menacer.

	aoriste sans particule.		aoriste avec particule.
1re p.	*zrir'* زريغ		*ad ezrar'* اد ازراغ
2e p. c.	*tezred* نزرد	*tazrit* نزريت	*atezred* ازرد
	hezred هزرد	*hazrit* هزريت	*atezret* ازرت
	ezred ارزد	*azrit* ازريت	
3e p. m.	*izra* يزرا		*aizer* ابزر
— f.	*thezra* نزرا		*atezer* اتزر
	tezra نزرا		
	hezra هزرا		
1re p. c.	*nezra* نزرا		*anezer* انزر
2e p. m.	*tazrim* نزريم		*atezrem* اتزرم
	azrim ازريم		
— f.	*tezremt* نزرمت		*atezremt* ازرمت
3e p. m.	*zrin* زرين		*azeren* ازرن
— f.	*zrint* زرينت		*azerent* ازرنت

IMPÉRATIF

	B. Menacer.	Ouarsenis.	Haraoua.	A'chacha.	B. H'alima.
2e p. s.	*zer* زر	*zer* زر	*zer* زر	*effer'* ابغ	*ouch* وش
— m. pl.	*zerit* زريت	*zerit* زريت	*zerit* زريت	*effer'et* ابغت	*ouchet* وشت
— f. pl.	*zeremt* زرمت	*zeremt* زرمت	*azremt* ازرمت		

§ 30. — *Particule* d.

B. Menacer : *effer'* d, sors ; *it't'ef th* id يطبت بد, il le saisit ; *ath* id *errar'* ات بد اراغ, pour que je la ramène ; A'chacha : *as d* اس د, viens.

§ 31. — *Participes* :

Ouarsenis : *irah'an* راحان (verbe *rah'* راح), allant : Haraoua : *iaouin* ياوين (verbe *aoui* اوى), amenant; B. Menacer : *iousan* يوسان (verbe *as* اس, venir), venant ; *our nettidji* ور نتيجى, ne laissant pas.

§ 32. — *Modifications vocaliques.*

1° Changement de l'*a* initial en *ou* :

B. H'alima : *ad'ef* اذى, entrer, aor. *ioud'ef* يوذى.

A'chacha : *as d* اس د, venir, aor. *iouse d* يوسد.

Ouarsenis : *ar'* اغ, prendre, aor. *iour'* يوغ.

Haraoua : *azed* ازد, jeter, aor. *iouzed* يوزد.

B. Menacer : *azen* ازن, envoyer, aor. *iouzen* يوزن.

La contraction de deux *ou* en *b* ou en *g* n'a pas lieu.

2°-6°. Le son *i* se trouve à la 1ʳᵉ pers. du sing. de l'aoriste : Haraoua : *etch* اج, j'ai mangé, *etchir'* اجيغ.

La 3ᵉ pers. sing. de l'aor. est quelquefois terminée en *a* :

B. H'alima : *ekhs* اخس, vouloir, aor. *ikhsa* يخسا.

Ouarsenis : *er* ار, aimer, aor. *ira* يرا.

Haraoua : *enr'* انغ, tuer, aor. *inr'a* ينغا.

B. Menacer : *af'* اڢ, trouver, aor. *ioufa* يوڢا.

Mais on rencontre fréquemment le son *ou* :

A'chacha : *enr'* انغ, tuer, aor. *inr'ou* ينغو.

Haraoua : *etch* اج, manger, aor. *itchou* يجو.

B. H'alima : *eg* اگ, fuir, aor. *igou* يگو.

Ouarsenis : *zer* زر, voir, aor. *izerou* يزرو.

B. Menacer : *erz* ارز, être brisé, aor. *irzou* يرزو.

Quelquefois la 3ᵉ personne est terminée par *i* :

Ouarsenis : *sou* سو, boire, aor. *isoui* يسوى.

A'chacha : *eg* اگ, mettre, aor. *igi* يگى.

Ce son *i* prédomine surtout avec la négation :

B. H'alima : *our* ioufi *ch mar'a it't'ef* ور يوڢى ش ماڢا يطب, il ne trouva pas comment la prendre.

Haraoua : *oul d* iousi ول دوسى, il n'est pas venu.

B. Menacer : *oul* ioufi *ch ma ietch* ول يوبى ش ما يج, il ne trouva rien à manger.

§ 33. — Le verbe *ili* يلى, être, s'emploie avec un adjectif ou un verbe pour marquer la durée.

A'chacha : je suis malade, *ellir' ouzmira* البغ وزميرا, ils sont malades : *ellan ouzmiren* الان وزمين ; elles jouent, *ellant ourarent* الانت وراﻧت ; ils mangent, *ellan tetten* الان تن.

Haraoua : je suis grand, *ellir' d'amok'k'eran* البغ ذ امغران ; j'ai faim, *ellir ellouzar'* البغ الوزاغ ; je suis fatigué, *ellir' ouh'lar'* البغ وحلاغ ; j'ai sommeil, *ellir' tnoudoumer'* البغ ﺗﻧودومغ.

B. Menacer : ils riaient après lui, *ellan edhsen fellas*, الان اضنسن بلاس.

§ 34. — *Négation.*

B. H'alima : *izizaoun our tsemettan ch* بزيزاون ور تمتان ش les pigeons ne sont pas morts.

B. Menacer : *our trouh'ar'ch akidez* ور ﺗروحاغ ش اكيدﻧ, je ne m'en irai pas avec toi ; *ou th iji ch oula a thet't'es* وث يزى ش ولا اﻧطس, il ne la laissa pas dormir.

§ 36. — *Verbes d'état.*

A'chacha : *aberkan* ابركان, noir ; B. H'alima : *aberchan* ابرشان ; Haraoua, Ouarsenis, B. Menacer : *aberzan* ابركان, noir.

A'chacha : *ettour'a* اﺗوغا, je suis ; *ittour'* يﺗوغ, il y avait ; Ouarsenis : *itour'* يﺗوغ, il y avait ; B. Menacer : *tour'* ﺗوغ, être, se trouver ; *tour'ai* ﺗوغاى, je suis, pl. *tour'ith* ﺗوغبت.

§ 38-39. — Ire forme : préfixation de *s*.

Ouarsenis et Haraoua : *ekker* كَرِ, se lever ; *sekker* سكر, faire lever.

B. H'alima : *ers* ارس, descendre ; Ire forme : *sers* سرس, faire descendre, poser.

B. Menacer : *erouel* اروِل, fuir ; IIe forme : *serouel* سروِل, faire fuir.

Le *s* devient un *z*.

B. H'alima : *zizen* زِزِن, chauffer.

A'chacha et B. Menacer : *zenz* زِزْ, vendre.

Sous l'influence du *s* factitif, la plupart des verbes commençant par un *a* le changent en *i* :

Haraoua : *ad'ef* اذِف, entrer ; *sid'ef* سيذِف, faire entrer.

Ouarsenis : *sid'mer* سِيذمِر, parler (de l'inusité *ad'mer*).

Il y a cependant des exceptions : Haraoua : *sedmer* سدمِر, parler.

Chez les A'chacha l'*a* initial devient plutôt un *ou* : *ad'ef* اذِف, f. fact. *soud'ef* سوذِف.

L'*ou* primitif reparaît à la forme factitive :

B. Menacer, Haraoua, A'chacha : *soufer'* سوفِع, faire sortir (de *effer'* افِع, sortir).

§ 40. — IIe forme : *m* préfixe :

A'chacha : *mdoukel* مدوكِل, s'associer.

Haraoua : *menr'* مِنْغ, se battre.

B. H'alima : *mselk* مسِلك, se rencontrer.

B. Menacer : *metch* مِج, être mangé.

§ 41. — IIIe forme : préfixation de *tsoua* تُو ou *toua* تُو :

Haraoua : *r'ers* غِرس, égorger ; *touar'ers* توِاغِرس, être égorgé.

B. H'alima : *ari* ارى, écrire ; *touari* توارى, être écrit.

B. Menacer : *ari* ارى, écrire ; *tsouari* توارى, être écrit.

§ 43. — IVᵉ forme : *th* ou *t* préfixe (habitude, répétition) :

A'chacha : *edhs* اضس ; Vᵉ forme : *tadhes* تاضس.

Ouarsenis : *azzel* ازل, courir ; Vᵉ forme : *tazzel* تازل.

Haraoua : *ezzi* ازى, aboyer ; Vᵉ forme : *tezzi* تزى.

B. Menacer : *ini* ينى, dire ; Vᵉ forme : *thenni* تنى.

Vᵉ-IIᵉ-Iʳᵉ-VIIᵉ forme : A'chacha et B. Menacer : *tmeslai* تمسلاى, parler.

§ 44. — VIᵉ forme : réduplication de la seconde radicale (habitude) :

B. Menacer : *aouth* اوث ; VIᵉ forme : *chath* شاث.

§ 45. — VIIᵉ forme : intercalation d'un *a* avant la dernière radicale (habitude, intensité, énergie).

Combinée avec la Vᵉ forme : B. Menacer : *azzel* ازل, courir ; Vᵉ-VIIᵉ forme : *tazal* تازل, avoir l'habitude de courir fort.

§ 46. — VIIIᵉ forme : intercalation d'un *ou* ou d'un *i* avant la dernière radicale :

B. Menacer : *enr'* انغ, tuer ; VIIIᵉ forme : *nour'* نوغ, combattre.

Combiné avec la IIᵉ forme : B. Menacer : *mdoukoul* مدوكول, s'associer.

Combinée avec la Vᵉ forme : B. Menacer : *tnour'* تنوغ, combattre.

§ 47. — IXᵉ forme : addition d'un *a*. Combinée avec la 1ʳᵉ forme :

Ouarsenis : *etch* ﺢﺟﺍ, manger; Ire forme : *setch* ﺢﺳ, nourrir; Ire-IXe forme : *setcha* ﺎﺤﺳ, nourrir habituellement.

§ 48. — X^e forme : addition d'un *i* ou d'un *ou*. Combinée avec la Ire forme :

Ouarsenis : *sou* ﻮﺳ, boire; Ire forme : *sesou* ﻮﺴﺳ, abreuver; Ire-X^e forme : *sesoui* ﻯﻮﺴﺳ, abreuver continuellement.

§ 50. — *Noms verbaux.*

§ 51. — Ire forme (radical du verbe) :

A'chacha : *ourar* ﺭﺍﺭﻭ, jouer, *ourar* ﺭﺍﺭﻭ, jeu.

REM. A (forme secondaire). B. Menacer : *amdal* ﻝﺍﺪﻣﺍ, enterrer; *thamdalt* ﺖﻟﺍﺪﻤﺛ, enterrement.

REM. B (forme secondaire, intercalation d'un *a* avant la dernière radicale) : B. Menacer : *ad'er* ﺮﺿﺍ, descendre; *ad'ar* ﺭﺍﺿﺍ, descente.

REM. D (forme secondaire, intercalation d'un *ou* avant la dernière radicale) : B. Menacer : *laz* ﺯﻻ, avoir faim; *louz* ﺯﻮﻟ, faim.

§ 52. — IIe forme (préfixation d'un *a*).

REM. B (intercalation d'un *a* avant la dernière radicale) : Ouarsenis : *et't'es* ﺲﻄﺍ, dormir; *at't'as* ﺲﻄﺍ, sommeil.

§ 53. — IIIe forme (préfixation de *ou*).

REM. D (intercalation de *ou* avant la dernière radicale) : B. Menacer : *effer* ﻊﺑﺍ, sortir; *oufour'* ﻍﻮﺑﻭ, sortie.

§ 54. — IVe forme (préfixation de *i*) : B. Menacer : *azzel* ﻝﺯﺍ, courir; *izzel* ﻝﺯﻳ, course.

Rem. E (addition de *i* après la dernière radicale) :

B. Menacer : *mouk'el* موقل (pour *mour'el*), regarder ;
imou'rli يموفلي, regard.

§ 57. — VIIe forme (préfixation d'un *th*) :

B. Menacer ; *ad'ef* ادف, entrer ; *thoud'ef* ثودف, entrée.

Rem. F (addition d'un *i* après la dernière radicale) :
Ouarsenis : *thitchli* ثجلي, marche.

B. Menacer : *sou* سو, boire ; *thisoui* ثسوى, action de
boire.

CHAPITRE IV

Du nom et de l'adjectif.

§ 60. — Les noms masculins commencent par *a, i, ou* :

A'chacha : *atchil* اجيل, fromage; *iberrou* بيرو, saute-relle; *oud'em* وذم, visage.

B. H'alima : *ari* ارى, alfa; *izmer* يزمر, agneau; *oufel* وبل, ruche.

Ouarsenis : *ar'i* اغى, lait doux; *ithri* يثرى, étoile; *oul* ول, cœur.

Haraoua : *akhbou* اخبو, trou; *ijiman* يزيمان, crâne; *ourthou* ورثو, verger.

B. Menacer : *aberrou* ابرو, sauterelle; *izzel* يزل, course; *ouzzel* وزل, fer.

§ 61. — Formation du féminin (préfixation et suf-fixation du *th* ou *t*) :

B. H'alima : *aserd'oun* اسرذون, mulet, f. *thaserd'ount* نسرذونت, mule.

Ouarsenis et Haraoua : *afounas* ابوناس, bœuf, f. *tha-founast* ثبوناست, vache.

B. Menacer : *ad'bir* اذبير, pigeon, f. *thad'birth* نذبيرت, colombe.

Chute du *th* initial ou son changement en *h* :

A'chacha : *aserd'ount* اسرذونت, mule; *ar'ioult* اغيولت, ânesse; *hafounast* هبوناست, vache.

Ouarsenis : *essa* اسا, foie.

Haraoua : *azek'k'a* ازكا, maison.

B. H'alima : *thalefsa* et *alefsa* ثلفسا, البسا, vipère.

B. Menacer : *aiersa* ايرسا, soc ; *thesrafth* نسرابت et *hes-rafth* هسرابت, grotte.

Dans certains noms le *th* final n'existe pas :

A'chacha : *habr'a* هبغا, mûre.

B. H'alima : *thizii* زي, forêt ; *thar'ma* نغما, cuisse.

Ouarsenis : *thiisr'i* ثيسغي, vautour ; *thaset't'a* نسطا, buisson ; *thistou* نيستو, kouskous.

Haraoua : *thid'i* نذى, sueur ; *thabr'a* نبغا, mûre.

B. Menacer : *thezioua* نزيوا, grand plat.

Féminins n'appartenant pas à la même racine que le masculin :

a) B. H'alima : *ariaz* ارياز, homme,	√R G Z,	f. *thamettouth* نمتوت, femme,	√M T'
A'chacha : — —		f. *amet't'outh* امطوت —	—
Ouarsenis : — —		f. *thamet't'oth* نمطت —	—
Haraoua : — —		f. *thamet't'outh* نمطوت —	—
B. Menacer : — —		f. *thamtout'* نمتوط	—

b) Haraoua : *ioui* بوى, √I G, f. *thafounast* نبوناست, vache, √F N S.

c) B. H'alima : *aiis* ايس, cheval, √I S, f. *thaimarth* نيمارث, jument, √G M R.

A'chacha : *doud'* عوذ, — (arabe) f. *aimath* اعماث — —

Haraoua : *iis* يس, — √I S, f. *thag'marth* نكمارث — —

B. Menacer : — — thaimarth ثيمارث — —

d) B. H'alima : *allouch* علوش, mouton √R' L CH, f. *thikhsi* نخسى, brebis, √KH S.

Ouarsenis : — — — — —

Haraoua : *izerri* يكرى — √K R R — —

B. Menacer : *χerri* كرى — — *thr'allach* نغلاش, — √R' L CH.

e) Ouarsenis : *azlous* هزلوس, bouc ? *thr'at'* نغاط, chèvre, √R'.

§ 62. — Diminutif (préfixation et suffixation de *th* ou *t*) :

B. H'alima et Ouarsenis : *azemmour* ازمور, olivier. dim. *thazemmourth* نزمورت ; B. Menacer : *arkas* اركان, chaussure, dim. *tharkast* نركاست.

§ 65. — Changement de l'*a* initial en *ou* (cette règle n'est pas rigoureusement appliquée) :

B. H'alima : *idjen ouass* واس يجن, un jour.

A'chacha : *koull ouass* واس كل, chaque jour.

Ouarsenis : *idj our'zal* وغزال يج, une gazelle.

Haraoua : *d'eg oubrid'* وبريذ ذگ, dans le chemin.

B. Menacer : *irouh' oujither ak'bala* اقبلا وژيثر يروح, le gypaète s'en alla en avant.

§ 66. — Rapport d'annexion (génitif) :

1° Par juxtaposition : B. Menacer : *jither emmis oujither* وژيثر اميس زيثر, le gypaète, fils de gypaète.

4° Par la préposition *n* : B. Menacer : *akhbou n tamk'arko'urth* تغرفورث اخبو, le trou de la grenouille.

B. H'alima : *thameslaith n tazizaouth* نزيزاوث ثـمسلايث, la parole de la colombe.

§ 67. — Rapport de direction (datif). Dans tous les dialectes il est marqué par la préposition *i*.

On rencontre le datif pléonastique :

A'chacha : *innas ouchchen ilk'onfoud'* يلفنغبوذ وشن يناس, dit à lui le chacal au hérisson.

§ 69-70. — Pluriel des noms collectifs : B. H'alima : *thicheri* ثشرى, béliers.

Pluriels sans singulier : Ouarsenis, B. Menacer : *id'amen* يذامن, sang; Haraoua : *id'ammen* يذامن.

B. H'alima, A'chacha, Ouarsenis, Haraoua : *ird'en* يرذن, blé; B. Menacer : *iard'en* يرذن.

B. H'alima, A'chacha, Ouarsenis, B. Menacer, Haraoua : *aman* امان, eau.

§ 71-72. — Formation du pluriel : changement en *i* de l'*a* initial :

A'chacha : *abrid'* ابريذ, chemin, pl. *ibrid'en* بيريذن.

B. H'alima : *ajthi* اژثى, haïk, pl. *ijthan* يژثان.

Ouarsenis : *ariaz* ارياز, homme, pl. *iriazen* بريازن.

Haraoua : *azemmour* ازمور, olivier, pl. *izemmouren* بزمودن.

B. Menacer : *arkas* اركاس, chaussure, pl. *irkasen* بركاسن.

§ 73. — Pluriel externe : changement de l'*a* initial en *i*; addition de *n*, *en*, *in*, *an* :

A'chacha : *ad'bir* اذبير, pigeon, pl. *id'biren* بذبيرن; *ar'erda* اغردا, rat, pl. *ir'erd'ain* بيغرذاين.

B. H'alima : *asr'er* اسغر, bois de charrue, pl. *iser'ran* يسغران.

Ouarsenis : *abrid'* ابريذ, chemin, pl. *ibrid'an* بيريذان.

Haraoua : *kiichchou* كيشو, corne, pl. *ikichchouan* يكيشوان; *asekkoum* اسكوم, asperge, pl. *isekkoumen* بسكومن.

B. Menacer : *ad'mar* اذمار, poitrine, pl. *id'maren* يذمارن.

REM. A. Pluriels terminés en *oun*, *ouen*, *ouin* :

B. H'alima : *djarfi* جرڢى, corbeau, pl. *idjarfiouen* يجرڢيون.

A'chacha : *ikhf* يخڢ, tête, pl. *ikhfaouen* يخڢاون.

Ouarsenis : *asli* اسلى, fiancé, pl. *isliaouin* يسلياوين.

Haraoua : *isr'i* يسغى, aigle, pl. *isr'iaouen* يسغياون.

B. Menacer : *imi* يمى, bouche, pl. *imaouen* يماون.

REM. B. Conservation au pluriel de l'*a* initial :

A'chacha : *askiou* اسكيو, nègre, pl. *askaouen* اسكاون.

B. H'alima : *achcher* اشر, ongle, pl. *achcharen* اشارن.

Haraoua : *aroui* ارووى, porc-épic, pl. *arouχan* اروكان.

B. Menacer : *aroui* ارووى, porc-épic, pl. *arouiin* ارويين.

(A'chacha, B. H'alima, Haraoua, Ouarsenis, B. Menacer : *ass* اس, jour, pl. *oussan* وسان).

Rem. C. Conservation au pluriel de l'*ou* initial ou de
l'*i* initial :

A'chacha : *ouchchen* وشن, chacal, pl. *ouchchanen* وشان;
id'ar يذار, pied, pl. *id'aren* يذارن.

B. H'alima : *oud'em* وذم, visage, pl. *oud'maouen* وذماون;
ichch يش, corne, pl. *ichchaoun* يشاون.

Ouarsenis : *ourthou* ورثو, verger, pl. *ourthan* ورثان;
ir'es يغس, os, pl. *ir'esan* يغسان.

Haraoua : *oul* ول, cœur, pl. *oulaoun* ولاون; *ifis* يبيس,
hyène, pl. *ifisan* يبيسان.

B. Menacer : *ouilan* ويلان, dents; *ithri* يثرى, étoile, pl.
ithran يثران.

Rem. D. Changement d'*i* en *a* :
Ouarsenis : *ichch* يش, corne, pl. *achchaoun* اشاون.
Haraoua : *ixerri* يكرى, mouton, pl. *axraren* اكرارن.
Rem. E. Pluriels en *then* :
Haraoua : *ad'ou* اذو, vent, pl. *ad'outhen* اذوثن.

§ 74. — Pluriel interne :
B. H'alima : *ajerthil* اژرثيل, natte, pl. *ijerthal* يژرثال;
ad'rar اذرار, montagne, pl. *id'ourar* يذورار.
A'chacha : *ar'ioul* اغيول, âne, pl. *ir'ial* يغيال.
Ouarsenis : *aserd'oun* اسرذون, mulet, pl. *iserd'an* يسرذان.
Haraoua : *ameddoukel* امدوكل, ami, pl. *imeddoukal* يمدوكال.
B. Menacer : *arjouj* ارزوز, cigale, pl. *irjaj* يرزاز; *ad'rar*
اذرار, montagne, pl. *id'ourar* يذورار.

§ 75. — Pluriel interne et externe :
B. H'alima : *zij* زيز, piquet de tente, pl. *izajen* يزازن.

A'chacha : *ar'eddis* اغديس, dos, pl. *ir'eddasen* يغداسن.

Ouarsenis : *dhad'* ضاذ, doigt, pl. *idhoud'an* يضوذان.

Haraoua : *izmer* يزمر, agneau, pl. *izmaren* يزمارن.

B. Menacer : *azar* ازار, racine, pl. *izouran* يزوران.

REM. A, B. Pluriels terminés en *a* :

B. H'alima : *akhbou* اخبو, trou, pl. *ikhouba* يخوبا.

Ouarsenis : *azerou* ازرو, rocher, pl. *izera* يزرا.

Haraoua : *ajerou* اژرو, grenouille, pl. *ijera* يژرا.

B. Menacer : *sasnou* سسنو, arbouse, pl. *isisna* يسيسنا
alili اليلى, laurier-rose, pl. *ilila* يليلا.

§ 76. — Pluriel féminin :

1° Correspondant à un pluriel masculin ou par ana-
logie :

B. H'alima : *thachourid'ets* تشوريدت, fille, pl. *thichouri-*
d'in تشوريدين; *thasirth* تسيرت, moulin, pl. *thisur* تسار;
thinzert تنزرت, nez, pl. *thinzaren* تنزارن.

A'chacha : *hafounast* هبوناست, vache, pl. *hifounasen*
هبوناسن.

Ouarsenis : *thafounast* تبوناست, vache, pl. *thifounasin*
تبوناسين; *thir'mesth* تغمست, dent incisive, pl. *thir'mas* تغماس.

Haraoua : *thilr'emt* تلغمت, chamelle, pl. *thiler'min*
تلغمين; *thaserdount* تسردونت, mule, pl. *thiserdan* تسردان; B.
Menacer : *thazermoumith* تزرموميت, lézard, pl. *thizermour-*
miin تزرومين; *thaierzist* تيرزيست, lièvre, pl. *thiarzas* تيرزاس.

En A'chacha, le *th* initial tombe souvent et on ajoute
un *t* à la terminaison *in* : *thah'zaout* محزاوت, fille, pl.
ih'zaouint محزاوينت; *aserd'ount* اسردونت, mule, pl. *iserd'an !*
ar'ioult اغيولت, ânesse, pl *ir'ioulint* يغيولينت; يسردانت.

On trouve aussi en A'chacha des pluriels en *d'in* :
ils correspondent, comme en Zénaga, à des pluriels en

then (cf. A'chacha : *isineft* يسينبت, aiguille, pl. *isinfathen* يسينجان).

aria اريا (pour *tharia* زيا), canal, pl. *iriad'in* برياذين.

2° Pluriels terminés en *aouin, iouin, ouin* :

B. H'alima : *thoud'ii* ثودى, pouliche, pl. *thiouad'aouin* ثيوذاوين.

B. Menacer : *tharia* زيا, canal pl. *thiriouin* زريوين.

Haraoua : *thesa* ثسا, foie, pl. *thisaouin* ثساوين.

Ouarsenis : *thit'* ثيط, œil, pl. *thit'aouin* ثيطاوين.

3° Pluriels terminés par *a* :

B. H'alima : *thamourth* ثمورت, terre, pl. *thimoura* ثمورا.

Ouarsenis et Haraoua : *thasirth* ثسيرت, dent molaire, pl. *thisira* ثسيرا.

B. Menacer : *thaouourth* ثورت, porte, pl. *thioura* ثيورا.

§ 77. — Pluriels empruntés à d'autres racines que le singulier :

a) B. H'alima et Ouarsenis : *iouma*, frère, $\sqrt{\overline{OU}}$, $\sqrt{M}$, pl. *iithma* ايثا, $\sqrt{I\,TH}$ et $\sqrt{M}$.

B. Menacer : *khii* خى (arabe), pl. *aithma* ايثا, $\sqrt{I\,TH}$ et $\sqrt{M}$.

b) B. H'alima : *thamettouth* ثمتوت, femme, $\sqrt{M\,T'}$, pl. *thisednan* ثسدنان, $\sqrt{S\,D'\,N}$.

Ouarsenis : *thamet't'oth* ثمطت, femme, $\sqrt{M\,T'}$, pl. *thisidnan* ثسدنان, $\sqrt{S\,D'\,N}$.

Haraoua : *thamet't'outh* ثمطوت, femme, $\sqrt{M\,T'}$, pl. *thisednan* ثسدنان, $\sqrt{S\,D'\,N}$.

A'chacha : *amet't'outh* امطوت, femme, $\sqrt{M\,T'}$, pl. *ised'nan* يسدنان, $\sqrt{S\,D'N}$.

B. H'alima : *thamtout'* ثمطوط, femme, $\sqrt{M\,T'}$, pl. *thisnan* ثسنان, $\sqrt{S\,D'\,N}$.

c) A'chacha : *aimath* ايمات, jument, $\sqrt{\text{G M R}}$, pl. *irallint* يغالينت, $\sqrt{\text{R' L}}$.

Ouarsenis et B. Menacer : *thaimarth* ثيمارت, jument, $\sqrt{\text{G M R}}$, pl. *thir'allin* ثغالين, $\sqrt{\text{R' L}}$.

Haraoua : *thag'marth* ثگمارت, jument, $\sqrt{\text{G M R}}$, pl. *thir'allin* ثغالين, $\sqrt{\text{R' L}}$.

Cf. B. H'alima : *thaimarth* ثيمارت, jument, pl. *thiimarin* ثيمارين.

B. H'alima et Haraoua : *thikhsi* ثخسى, brebis, $\sqrt{\text{KH S}}$, pl. *oulli* ولى, $\sqrt{\text{LL}}$.

A'chacha : *hikhsi* هخسى, brebis, $\sqrt{\text{KH S}}$, pl. *oulli* ولى, $\sqrt{\text{LL}}$.

§ 78. — Pour la formation du féminin et du pluriel, l'adjectif qualificatif suit les mêmes règles que le substantif.

CHAPITRE V

Noms de nombre.

§ 81. — La numération berbère n'existe que pour les deux premiers nombres. Le reste est emprunté à l'arabe.

§ 82. — B. Halima.	A'chacha.	Ouarsenis.	Haraoua	B. Menacer.
Un, m. *idjen* يجن,	*idjen* يجن	*idj* يج	*idj* يج,	*idj* يج
— f. *thiicht* نيشت	*ticht* نيشت	*icht* يشت	*icht* يشت	*icht* يشت
Deux, m. *sen* سن	*sen* سن	*sen* سن	*sin* سين	*sen* سن
— f. *sent* سنت	*sent* سنت	*sent* سنت	*sent* سنت	*sent* سنت

§ 83. — Nombres ordinaires.
Ouarsenis : *amzouarou* امزوارو, premier.

Haraoua
B. Menacer ⎱ *amzouar* امزوار   —

CHAPITRE VI

Particules.

§ 84-85. — PRÉPOSITIONS ET LOCUTIONS PRÉPOSITIONNELLES.

Au-dessous. B. Menacer : *eddaou* اداو ; *senai* سناى.

Derrière. B. Menacer : *deffer* دبر.

Dans, *d'eg* ذگ, A'chacha : *d ek'k'imed d'eg ouserafth* د افيد ذگ وسرافث, tu es resté dans le silo ; Haraoua : *d'eg* ذگ, *thet't'es d'eg oubrid'* نطس ذگ وبريذ, elle dormit dans le chemin ; *deg* دگ, *zrin doug aman* زرين دوگ امان, ils virent dans l'eau ; B. Menacer : *d'eg* ذگ, *inna d'eg ikhfis* ينا ذگ يخفيس, il dit en lui même.

y گ, B. H'alima : *imt'er ith y elkhela* يمطريث كالخلا, il la jeta dans le désert ; Ouarsenis : *ibed y ouaman* يبد كوامان, il se tenait dans l'eau ; B. Menacer, *izrou thiliis y ouaman* يزرو ثيليس كوامان.

d'i ذى, Bel H'alima ; *di* دى, B. Menacer : *inna di lmoutis* ينادى الموتس, il dit en mourant (il dit dans sa mort).

Avec, *akid'* اكيذ, B. Menacer, A'chacha ; *akid* اكيد, B. H'alima, Ouarsenis ; *kid'* كيذ. B. H'alima.

id يد, B. H'alima.

ad اد, B. Menacer : *airad' ad ouriaz* ايراذ اد ورياز, le lion avec l'homme.

Devant, *ezzat* ازات, B. H'alima : *ezzati* ازاتى, devant moi ; *zath* زات, B. Menacer : *zath imi n touourth* زات يمى نتورث, devant le seuil de la porte ; *zat* زات, B. Menacer : *zat n*

touourth نورث زات رزا, devant la porte ; *ezzith* ازيث, B. Menacer.

Avec (instrum.), *s* س, Haraoua, B. Menacer : *tnour'oun
dis s ouachchioun* تنوغون ديس سواشيون, ils le combattirent
avec leurs cornes.

Pour, à cause de, *s* س, B. Menacer : *ifrah' s ouachchiou-
nis* يفرح سواشيونيس, il se réjouit à cause de ses cornes.

seg سك, B. Menacer : *inekhla seg ifad'enis* يفخلا سك
يفاذنيس, il fut honteux à cause de ses jambes ; Haraoua :
soug aman سوك امان, à cause de l'eau.

si سى, Haraoua.

Par, *seg* سك, B. Menacer : *it'l'ef th idj zisen seg oujlal*
يطعث بج زيسن سك وزلال, un d'entre eux le prit par la queue.

De (ablatif), *seg* سك, Ouarsenis : *thekker seg idhes*
تكر سك يغنس, elle s'éveilla de son sommeil ; B. Menacer :
iouki seg idhes بوكى سك يغنس, il s'éveilla de son sommeil.

s س, B. H'alima : *isouffer' ith s taddarth* يسوفغيث ستدارث,
il la fit sortir de la maison ; A'chacha : *neffer' s aserafth*
نفغ سامرابث, sortons du silo ; B. Menacer : *khalç ai s
elmout* خلص اى سالموت, sauve-moi de la mort.

si س, B. Menacer : *rouler' si midden* رولع سى مدن, je me
suis enfui loin des hommes.

g كّ, Haraoua : *isers aisoum g imines* يسرس ايسوم كّيمنس
il déposa la viande de sa bouche.

Chez, à, vers, *r'er* غر, B. Menacer, Haraoua, A'chacha,
Ouarsenis ; B. H'alima : *aiour r'eri* ابور غرى, viens chez
moi.

r' غ, Haraoua, B. Menacer : *irouh' r'icht n tala* يروح
غيشت تلا, il alla à une fontaine.

r'el غل, Haraoua : *iaouodh ifcher r'elh'add* غل يبنشر يوض
حد, la tortue arriva au but.

Sur, *r'ef* غب, B. Menacer : *tager'az r'ef dhhariou* ﻣﺎﻛﻢ ﺍﻙ, *je te porte sur mon dos.*

f ﺏ, B. H'alima, A'chacha : *oulir' f'ikhf ennez* ﻭﻟﺒﻎ ﺑﻴﻐﺐ ﺍﻧﻚ, *je monte sur la tête*; B. Menacer : *iggour f' edh-dhhar* ﻳﻜﻮﺭ ﺑﺎﻟﻈﻬﺮ, *il marcha sur le dos.*

fell ﺑﻞ (ne s'emploie qu'avec les pronoms), A'chacha, B. Menacer : *isellem fellas* ﻳﺴﻠﻢ ﻓﻼﺱ, *il le salua.*

Contre, *f* ﺏ, A'chacha, B. H'alima, B. Menacer.

Entre, *jar* ﺯﺍﺭ, Haraoua; *djar* ﺟﺎﺭ, Ouarsenis, B. Menacer : *tour' elh'arb djar tiarzas diidraouen* ﻧﻮﻉ ﺍﻟﺤﺮﺏ ﺟﺎﺭ ﺗﻴﺮﺯﺍﺱ ﺩﻳﺪﺭﺍﻭﻥ; *gouaijar* ﻛﻮﻳﺰﺍﺭ, B. Menacer : *meslain gouai-jarasen* ﻣﺴﻼﻳﻦ ﻛﻮﻳﺰﺍﺭﺍﺳﻦ, *ils se disputèrent entre eux.*

D'entre, *si* ﺱ, B. Menacer : *imeddoukalis si lah'ouaich ousend r'eres* ﺑﻤﺪﻭﻛﺎﻟﻴﺲ ﺳﻰ ﻻﺣﻮﺍﻳﺶ ﻭﺳﻨﺪ ﻏﺮﺱ, *ses amis d'entre les animaux vinrent chez lui.*

zi ﺯﻯ, B. Menacer : *ik'k'im akid idj zisen* ﻳﻘﻴﻢ ﺍﻛﻴﺪ ﺝ ﺯﻳﺴﻦ.

Loin de, *zi* ﺯﻯ, B. Menacer : *irouel zisen* ﻳﺮﻭﻝ ﺯﻳﺴﻦ, *il se sauva loin d'eux.*

De (gén.), *n* ﻥ, dans tous les dialectes.

A (dat.), *i* ﻯ, dans tous les dialectes.

En haut, *sendji* ﺳﻨﺠﻰ, B. Menacer.

§ 86. — ADVERBES DE LIEU.

Où *hani* ﻫﺎﻧﻰ, B. H'alima : *hani illa* ﻫﺎﻧﻰ ﻳﻼ, *où est-il?* *mani* ﻣﺎﻧﻰ, Haraoua : *mani chem izra* ﻣﺎﻧﻰ ﺷﻢ ﻳﺰﺭﺍ, *où l'a-t-il vue?* B. Menacer : *az siouther' mani thekhsed* ﻻ ﺳﻴﻮﺿﻊ ﻣﺎﻧﻰ ﺗﻐﺴﺪ, *je te ferai arriver où tu voudras.*

Ici, *d'an* ﺫﺍﻥ, B. H'alima : *kim d'an* ﻓﻢ ﺫﺍﻥ, *reste ici.* *dani* ﺩﺍﻧﻰ, B. Menacer : *thedjid ai dani* ﺗﺠﻴﺪ ﺍﻯ ﺩﺍﻧﻰ, *tu me laisses ici.*

D'ici, *sia* ﺳﻴﺎ, B. Menacer : *rouh' sia* ﺭﻭﺡ ﺳﻴﺎ, *va-t'en d'ici.*

En avant. B. Menacer : *ak'bala* افبلا.

§ 87. — ADVERBES DE TEMPS.

Quand (inter.), *manilla louok'th* مانيلا لوقث, Haraoua : Quand viendras-tu? *manilla louok'th r'la atased* مانيلا لوقث غلا اتاسد.

A présent. B. Menacer : *imira* يميرا.

Aujourd'hui. A'chacha, B. Menacer : *assou* اسو.

Demain. B. H'alima, Ouarsenis, A'chacha, Haraoua, B. Menacer : *aitcha* ايجا.

Après-demain. B. H'alima, A'chacha, Ouarsenis, Haraoua : *ass iidhen* اس يضنن.

Hier. A'chacha et Haraoua : *ass ennadh* اس اناض; Ouarsenis : *idh ennadh* يضن اناض.

Avant-hier, *idh idhen* يضن يضنن. Ouarsenis : *idh ennadh* يضنن اناض; Haraoua, *r'ir ass ennadh* غير اس اناض.

Ensuite, *mbaid* مبعد. B. Menacer.

§ 88. — ADVERBES DE QUANTITÉ.

Beaucoup, *aiela* ايطا, Haraoua et Ouarsenis ; *ailla* ايلا. B. Menacer.

akhlal الخلال, B. Menacer.

Peu, *d'erous* نروس, A'chacha.

Un peu, *ak'chich* اقشيش, A'chacha.

Plus, *kther* كثر, B. Menacer : *kther ezzim* كثر ازيم, plus que toi (fém.).

§ 89. — ADVERBES DE MANIÈRE.

Ainsi, *amman* امان, *ammi* امى, B. Menacer.

Comment, *mar'a* ماغا, B. H'alima : *our ioufich mar'a it'-l'ef* ور يوبى ش ماغا يطبف, il ne trouva pas comment le prendre. *mant* مانت, B. Menacer.

matad'i متاذى, B. Menacer : *matad'i hellidh* هلبغن comment es-tu?

manis مانس, B. Menacer, Ouarsenis : *manis theqit*, مانس تَكعت comment remonteras-tu?

manich مانش, B. Menacer : *manich tour' assou tettedh* مانش توغ اسو تتّمن, comment as-tu mangé aujourd'hui?

Combien, *achh'al* اشعال, A'chacha : combien as-tu de ruses? *achh'al r'erech el h'ilat* اشعال غرش الحيلت.

mata متا, A'chacha.

§ 90. — ADVERBES D'AFFIRMATION, DE NÉGATION ET DE DOUTE.

Ne... pas, *our... ch* ور....ش, B. H'alima.

ouala ولا, Ouarsenis : *ouala thekhdimt mlih'* ولا تخديمت مليح tu n'as pas bien agi.

ou... chei و نى, Ouarsenis.

ou... ch و ش, A'chacha, B. Menacer.

our ور, Ouarsenis.

oul ول, Haraoua : *oul d iousi* ولد يوسى, il n'est pas venu.

Rien, *oualou* والو, B. Menacer : *ou izmer ch oualou* ويزمر ش والو, il ne peut rien.

oulach, ولاش : *oulach reri h'atta delh'aith* ولاش غرى حتى دالحيث, je n'ai rien.

Peut-être, *iemkin* يمكن, B. Menacer : *iemkin ouellir' d'amellal* يمكن وليغ ذاملل, peut-être deviendrai-je blanc.

§ 91. — CONJONCTIONS.

Parce que, *oukken* وكن, B. Menacer.

ila khat'er على خاطر, Ouarsenis : *ila khat'er our thezret* على خاطر ور تزر ل, parce que tu n'as pas vu ; Haraoua : *ila khat'er issen ikhf' ennes iethkel* على خاطر بسن يخب انس يتقل, parce qu'il se savait lourd.

ammi اى, B. Menacer.

Lorsque, quand, *mani* مانى, B. Menacer : *mani ala th izer* مانى الاث يزر, quand il la voit.

ma ما, Ouarsenis : *ma ira iga* ما برا يگا, quand il voulut remonter.

melmi ملمى, B. H'alima : *melmi iououdh ouzgar* ملمى بوض رزكا, quand le bœuf arriva.

main d'elouok'th ماين ذالوفث, B. Menacer : *ou sekki-ner' ch main d'elouok'th thersidh* وسكينغش ماين ذالوفث زسيدن.

as اس, B. Menacer : *as ikker si lmardhis* اس يكرسى المرضيس, quand il se leva de sa maladie.

asald اسلد, *asald hesah'asedh zisen* اسلد هسحسن زبسن, quand tu sentiras d'eux.

mant elouok'th مانت الوفث, B. Menacer : *mant elouok'th hefigdh* مانت الوفث هفيكن, quand tu t'envoleras.

Que. B. Menacer : *ma* ما; *ad'* اذ; *ekhser' ad ad'efer'* اخسغ اذ اذفغ, je veux entrer.

Jusqu'à ce que, *r'imi* غيمى, B. Menacer.

asami اساى, B. Menacer : *asami ik'edhdha koull aglis* اساى يفضا كل اكليس, jusqu'à ce qu'il eut dépensé tout son bien.

ailmi ايلمى, Haraoua : *essouin aman ailmi mouthen* اسوين امان ايلمى مونن, ils burent de l'eau jusqu'à ce qu'ils moururent.

ad اد, A'chacha : *etchin ird'en ad edjiounen* اجين يرذن اد اجيون, ils mangèrent du blé jusqu'à ce qu'ils furent rassasiés.

Si, *mig* ميك, B. Menacer : *mig ellir' d'ek'eler' fellar* ميك اليغ ذفلغ فلاك, si je pèse sur toi.

migilla ميكيلا, B. Menacer : *migilla a therouh'edh* ميكيلا ازروحن, si tu t'en vas.

imka يكا, Haraoua : *iari imka isla* يارى يكا يسلى, il écrira s'il entend.

lou kan لو كان, Ouarsenis : *lou kan ezzarem mekhalibenis* لوكان ازارم مخالبنيس, si vous voyiez ses griffes; B. Menacer : *lou kan ou hellidh ch akid oumeddoukeliz* لو كان وهليمن ش اكيد ومدوكليك, si tu n'étais pas avec ton ami.

Dès que, *r'ir* غير. B. Menacer : *r'ir tferk'an* غير تفرقان, dès qu'ils se furent séparés.

Pour que, *a,* Ouarsenis : *a ioula d amellal* ا يولا د املال, pour qu'il devienne blanc; B. Menacer : *irouh' a hent izer* يروح اهنت يزر, il alla les voir (mot à mot : pour qu'il les vit).

ad اد, A'chacha : *ad effer'a ad ak'k'ela* اد افلا اد ابغنا ا, je sortirai pour voir (pour que je voie); B. H'alima.

bach a باش ا, pour que, B. Menacer : *ioudef' r'ouakhbou bach a iddour r' thili* يودب غواخبو بش ايدور غنلى, il entra dans une grotte pour être à l'ombre.

bach باش, B H'alima : *bach aioura* باش ايورا, pour que j'aille.

Si ce n'est que, *r'ir* غير, B. Menacer.

sioua سوا, B. Menacer.

Quoique, même si, *ouaida* وايدا, B. Menacer : *ouaida theggouma a thiour* وايدا تكوما اثيور, même si elle refuse de marcher.

Comme, *mh'al* محال, B. Menacer.

ammi امى, B. Menacer : *ammi d our izmir ch ha ir' amem* امى دور يزميرش هايغ ام, comme il ne pouvait faire du miel.

Et, *d* د, Ouarsenis, A'chacha, B. Menacer.

Certes, *la* لا, B. Menacer : *la ijellidan ekhsen ad i k'elen* لا يؤليدان اخسن ادى فلن, certes, les rois voudraient me voir.

Mais, *r'i*χ غيت, B. Menacer.

Ou bien, *ner'* نغ, *nir'* نغ, B. Menacer : *idj ner' sen* ع نغ سن, un ou deux.

§ 92. — INTERJECTIONS.

O, *ia* ﻳﺎ, A'chacha, B. H'alima, Ouarsenis, B. Menacer.

a ﺍ, Ouarsenis, B. Menacer.

TROISIÈME PARTIE

TEXTES

A. — B. H'ALIMA

Ce texte a été conté en 1894, par Si Kaddour ben Azzeddin.

L'HOMME ET LE PIGEON

يجن ارياز غرس يجن ازبزا يكيث تدارث يجن واس يور نمورث
نگوج يناس يا اريار ينو انير نمسلايت ينو يزيزاون ازاتى مانى مسلكان
اكيذ ازبزا يناس نمسلايت تزيزاوث اگين يمانسن يموتن مانيولا يناس
يزباون اموتن يگو يمان انس يموث يسوبغيث ستدارث يمطريث كالخلا
يوبى غر ازّا يناس يا امفران ينو يزيزاون ور تمتانش سجنن ي ابريذ
باش ايورا زغرك

Idjen ariaz   r'eres idjen aziza iyi ith   taddarth. Idjen
Un   homme chez lui un pigeon il mit lui (dans) une maison. Un

ouass iiour   thamourth   theggoudj.   Innas : la ariaz, inou
jour il alla (dans) une terre elle est éloignée. Il dit-à-lui : O maître de moi,

enir thameslaith inou :   izizaoun   essati   mani   msel-
prends   parole   de moi : Les pigeons devant-moi comment vont-ils

kan'   akid' aziza.   Innasen thameslaith n tazizaouth. Agin
ensemble avec un pigeon. Il dit-à-eux la parole de la colombe. Ils firent

inanensen   immouthen. Mani   ioulla'   innas : Izizaoun
personnes-d'eux mortes. Quand il fut revenu il dit-à-lui : Les pigeons

emmouthen. Igou   iman   ennes   immouth.   Isoufer'   ith s
sont morts. Il fit personne de lui elle est morte. Il fit sortir lui de

teddarth, iut'er ith g   elkhela'.   Ioufi r'er ajenna. Innas :
la maison, il jeta lui dans la campagne. Il s'envola vers le ciel. Il lui dit :

la amok'k'eran inou,　izizaoun our tsemettan ch⁴　setchenen　　　ii
O　maître　de moi, les pigeons ne sont morts pas, ils ont montré à-moi

abrid'　bach⁵　aioura　zr'erek.
le chemin pour que j'aille de chez-toi.

Un homme avait un pigeon qu'il mit dans une maison. Un jour, il partit pour un pays éloigné. L'oiseau lui dit : Mon maître, écoute-moi : Les pigeons qui m'ont précédé, comment se rencontrent-ils avec un pigeon? Il leur dit les paroles de la colombe. — Ils firent les morts. Quand l'homme fut revenu, il dit à l'oiseau : Les pigeons sont morts. Le pigeon fit le mort : l'homme l'ôta de la maison et le jeta dans la campagne. Il s'envola vers le ciel et lui dit : Mon maître, les pigeons ne sont pas morts : ils m'ont indiqué le moyen de sortir de chez toi.

1. سلك, IIᵉ forme berbère *mselk.* — 2. ولى. — 3. خلا. — 4. شى. — 5. شى باى.

B. — DIALECTE DES A'CHACHA

LE HÉRISSON ET LE CHACAL (a)

—

الان وشن د الفنبود مدوكلن يناس وشن يڢنبود اشحال غرك
الحيلت يناس ڢنبود يوشن غرى النصب نالحيلت ماتا غرك الحيلت يناس
وشن غرى ميا نالحيلت د النصب كل واس الان تازلن وضن النصب
كيڢض يڲن دوار وذبن يڄسرڢث اجين يرذن اد احيوڡت يناس يوشن
ڢنبود يانڢغ ساسراڢث وليغ بيخب انك اد ابڡا اد افلا اد يولى الفنبود
وبيخب انس يحوب ڢتمورث د يناس يوشن غرى النصب نالحيلا د افنغ
دتك ميا نالحيلت د النصب د اڧمد ذكى وسراڢث

a. Cf. sur les différentes variantes de ce conte (arabes, berbères, serbe, finnoises, française, latines, espagnole, allemandes, téleute, albanaise, grecque, turke, ossète), les notes de mes *Contes populaires berbères* (Paris, 1887, note 2, p. 131-134), et de mon *Étude sur la Zenatia du Mzab, de Ouargla et de l'O. Rir'* (Paris, 1893, in-8, p. 104-105, note 1 et p. 139, note 1).

Ellan ouchchen d elk'onfoud[1] mdoukelen. Innas ouchchen
Étaient le chacal et le hérisson ils s'associèrent. Dit-à-lui le chacal

ik'onfoud[1] : Achh'al[2] r'erc̥ th'ilat[3]? Innas k'onfoud[1] iouchchen :
au hérisson : Combien chez-toi de ruses? Dit-à-lui le hérisson au chacal :

R'eri ennecf[4] n elh'ileth[3]. Mata r'erc̥ elh'ileth[3]? Innas
Chez-moi moitié de ruse. Combien chez-toi (de) ruses? Dit-à-lui

ouchchen : R'eri mia[5] n elh'ileth[3] d ennecf[4]. Koull[6] ouaas ellan
le chacal : Chez-moi cent de ruses et moitié. Tout le jour ils furent

tazzelen. Oudhen ennecf[4] g idh iidjen douar[7]. Oud'efen
ils coururent. Ils arrivèrent au milieu de la nuit à-un douar. Ils entrèrent

iuserafth, etchin ird'en ad edjiounen.
dans un silo, ils mangèrent du blé jusqu'à ce que ils furent rassasiés.

Innas iouchchen k'onfoud[1] : la neffer' s userafth : oulir' f
Dit-à-lui au chacal le hérisson : Oh sortons du silo : je monte sur

ikhf ennec̥ ad effer'a ad ak'ela. Iouli elk'onfoud[1] f
la tête de toi je sortirai pour que je regarde. Monta le hérisson sur

ikhf ennes ih'ouf f themourth d innas iouchchen : R'eri
la tête de lui il descendit sur la terre et il dit-à-lui au chacal : Chez-moi

ennecf[4] n elh'ila[3] d effer'er' d chek mia[5] n elh'ileth[3] d ennecf[4]
la moitié de ruse et je suis sorti et toi cent de ruses et la moitié

d ek'k'imed d'eg ouserafth.
et tu es resté dans le silo.

Le chacal et le hérisson s'associèrent. Le premier dit à l'autre :
Combien as-tu de ruses? — La moitié d'une ; et toi, combien en as-tu?
— Cent ruses et demie. Ils coururent toute la journée et arrivèrent
au milieu de la nuit dans un douar. Ils entrèrent dans un silo et
mangèrent du blé jusqu'à ce qu'ils furent rassasiés. Le hérisson dit
au chacal : Sortons du silo : je vais monter sur ta tête et je sortirai
pour regarder. Il monta sur sa tête, descendit sur le sol et dit au chacal : Je n'ai que la moitié d'une ruse et je suis sorti, et toi, tu en as
cent et demie et tu es resté dans le silo.

١. طاية. — ٥. نصب. — ٤. حيلة, حال. — ٣. اى شى حال. — ٢. فتعبوذ, فتعبذ. — ١. طاية.
٦. كل. — ٧. دار, دارو.

C. — OUARSENIS

LA GAZELLE ET LE RENARD (a)

—

يج واس يج وغزال يَبود يهوا دا يسو يسوى امان ايطا ما يرا يكم
يوحل يزروت اكاب يناس يا يوما ولا تخدمت مليح على خاطر ور
ثزرت مانس نْكمت مبعد يزوا اكاب

Idj ouas idj our'zal[1] iffoud, *ihaoua[2]* *da* *isou.*
Un jour une gazelle eut soif, elle descendit pour qu'elle bût.

Isoui aman ait'a. *Ma ira iga[3] iouk'al[4].*
Elle but de l'eau beaucoup. Lorsque elle voulut monter impossible.

Izerou t aẓab innas : *la iouma, oualà[5] thekhedimt[6] mlih[7] àla*
Vit elle un renard il dit-à-elle : O frère, point tu as fait bien parce

khat'er[8] our thezret manis thegàt[3]. *Mbàd[9] izoua aẓab.*
que point tu as vu comment tu remonterais. Ensuite s'en alla le renard.

Un jour une gazelle eut soif : elle descendit pour boire et but beaucoup d'eau. Quand elle voulut remonter, elle ne le put. Un chacal la vit et lui dit : Ma chère, tu as mal agi en ne regardant pas comment tu remonterais. Ensuite le chacal s'en alla.

1. غزال ,غزل. — 2. هوى. — 3. فاع. — 4. حال. — 5. ولا. — 6. خدم. — 7. ملح,
8. على خاطر. — 9. بعد ,من بعد. مليح

D. — HARAOUA

LE LIÈVRE ET LA TORTUE (b)

—

يشت تكلت يبشر د الحرة مسحفن وين يغلا يوضن غل الحد
امنوارو ازين الحد زاراسن ازفور نوسد الحرة نطس ذكّ وبريذ على

(a) *Loqmàn berbère,* fable ix, k, p. 58.
(b) *Loqmàn berbère,* fable xx, e, p. 94-95.

خاطر ثامن سى يضارن انس يبشر ور يطسش دك وبريذ على خاطر
يسن يخف انس يثقل ثوكى الحرة تزرا يبشر فريب لاجد ثوزل يوض
يبشر غالحد

Icht thikelt ifcher d elh'orrah' msah'ak'k'an ouin ir'la iaouthan
Une fois la tortue et le lièvre contestèrent celui qui serait arrivant

r'el th'add amzouarou. Ejjin elh'add' jarasen azek'k'our. Thoused*
vers le but le premier. Ils mirent le but entre-eux un rocher. Vint

elh'orrah', thet't'es d'eg oubrid' dla khat'er thamen* si idharen*
le lièvre, il dormit en route parce que il se fiait à cause de pieds

ennes. Ifcher our iet't'es ch d'eg oubrid' dla khat'er issen*
ennes. La tortue ne dormit pas en route parce que elle connaissait

ikhf ennes ielhk'el. Thouzi lh'orrah', thezra ifcher k'arib
personne d'elle lourde. S'éveilla le lièvre, il vit la tortue proche

telh'add, thouzzel, iaoudh ifcher r'elh'add*.*
du but, il courut, arriva la tortue vers le but.

Une fois la tortue et le lièvre se disputèrent à qui arriverait le premier à un but. Ils prirent un rocher pour but : le lièvre se mit à dormir en route parce qu'il se fiait à ses pieds. La tortue ne s'endormit pas en chemin parce qu'elle savait qu'elle était lourde. Quand le lièvre s'éveilla, il vit la tortue près du but ; il courut mais elle arriva avant lui.

1. على — 4. حدّ — 3. حرّة ,حرّ — 2. حق, II-I forme berbère *msah'ak'k'*. — 5. امن — 6. شى — 7. ثغل — 8. فريب ,فريب — خاطر.

E. — DIALECTE DES B. FERAH
(Commune mixte des Brâz).

Ce dialecte est à peu près identique a celui des B. Menacer. Ces textes m'ont été dictés à Kherba en juin 1895, par Moh'ammed b. Chérif des El-'Anab tribu des B. Ferah'.

—

A. — L'HOMME ET LES FIGUES

بغديش يزو ثغلت ينيو بلاس يج وثراس يكس ازيس يحبوثين انتا
يزو يحبوثين يناس اثغميذ ايجا ماتا ور تغميذش اثم كساغ سفادوم

Bik'edich iezzou nak'ell. Iniou fellas idj outherras, ikkes ezzis
  planta un figuier. Monta sur lui un   passant il prit de lui

ih'abbouthin[1]. Entsa iezzou ih'abbouthin[1], innas : Ater'amied' aitcha
  des fruits. Lui planta les fruits, il lui dit : Tu pousseras demain

mata   our tr'amied' ch[2] achem kessar'[3] s   ak'adoum.
  si   (tu) ne pousses pas (je) le briserai avec (ma) pioche.

Bik'edich planta un figuier. Un passant monta sur l'arbre, prit des
figues, en planta une et lui dit : Tu pousseras demain ; si tu n'as pas
poussé, je te briserai avec ma pioche.

1. حب, حبة. — 2. شئ, شاء. — 3. Pour *kesserar'* كسراغ.

B. — LE RAT ET LA VIEILLE [a]

———

يج وغردا يحنون يمغارث اغى هتـازل أكيذس هتكاس اس ازلال
هناس ار اى اخى الك ارغ هزلالنلك يروح وغردا لتغاط يناس سيغ اى
اخى اوينغ يثمغارث باش همغارث اذ هى ازلاثيو هنـاس غاط سيغ اى
الورف ن نفلت هناس نفلت اراى د هريا الك سيغغ الورف يروح غر هريا
هناس هريا اوبد ابناى اوبد ابناى الك سيغغ امان يروح ال وبناى يناس وبناى سيغ
اى اعلوش الك ابنغ هلا يروح لوليتى يناس سيغ اى افزبن الك سيغغ
اعلوش يروح يوى د افزبن يسـبغيث يوليتى الينتى يسـبغ اس د اعلوش
يوبث يوبناى ابنـاى يبناس هلا هلا سيغ اس امان يوبث امان يوبث غر
نفلت نفلت يسيغ اس لاوراف لاوراف يوبث ينغاط تغاط سيغ اس اغى
اخى يوبث يهمغارث همغارث سيغ اس ازلالتس ازلالت يوبث يوحداذ
اث بهدل احداذ يوكثيث يموث

a. Cette randonnée est plus complète que celle dont j'ai publié la traduction d'après un texte zouaoua dans mes *Contes populaires berbères* (nº XLV,
p. 95-96, *La Vieille et la Mouche*), et qui se compose des termes suivants :
aile, chèvre, figuier, fumier, bœuf. Pour les rapprochements dans les diverses
littératures, cf. note 96, p. 197-200 de l'ouvrage cité.

Idj our'erd'a iakhouan[1] iemr'arth ar'i. Hetazzel akid'es
Un rat vola à une vieille du lait. Elle courut après lui,

hetkas as ajlal. Hennas : Err ai ar'i ak errer'
elle coupa à lui la queue. Elle dit-à-lui : Rends à moi le lait à toi je rendrai

hajlalliz. Irouh'[2] our'erd'a lthr'at' innas : Sir' ai
la queue de toi. Alla le rat vers la chèvre il dit-à-elle : Donne à moi

ar'i aouir' i themr'arth bach hemr'arth ad'herr ajlalthiou.
du lait (que) je porterai à la vieille pour que la vieille rende queue-de-moi.

Hennas r'at' : Sir' ai elouork'[3] en nak'ell. Hennas
Dit-à-lui la chèvre : Donne à moi les feuilles de le figuier. Dit-à-lui

nak'ell : Err ai d haria ak sir'er' elouork[3]. Irouh'[2]
le figuier : Rends à moi le canal à toi je donnerai les feuilles. Il alla

r'er haria. Hennas haria : Aoui d abennai[4] ak sir'er' aman.
vers le canal. Dit-à-lui le canal : Amène le maçon à toi je donnerai de l'eau.

Irouh'[2] al oubennai[4]. Innas oubennai[4] : Sir' ai adllouch
Il alla vers le maçon. Dit-à-lui le maçon : Donne à moi un mouton

ak ebnir'[4] hala. Irouh'[2] l oulinti innas : Sir'
à toi je bâtirai une fontaine. Il alla vers le berger (qui) dit-à-lui : Donne

ai ak'zin ak sir'er' adllouch. Irouh'[2] ioui d ak'zin,
à moi un chien à toi je donnerai un mouton. Il alla il amena un chien,

isir' ith ioulinti. Alinti isir' as d adllouch, ioui th
il donna lui au berger. Le berger donna à lui le mouton, il porta lui

ioubennai[4]. Abennai[4] ibnas[5] hala. Hala sir' as
au maçon. Le maçon bâtit-à-lui une fontaine. La fontaine donna à lui

aman. Aman ioui th'en) r'er nak'ell. Nak'ell isir' as
de l'eau. L'eau il porta elle vers le figuier. Le figuier donna à lui

laourak'[3]. Laourak'[3] ioui th(en) i thr'at'. Thr'at' sir' as
les feuilles. Les feuilles il porta elles à la chèvre. La chèvre donna à lui

ar'i. Ar'i ioui th i hemr'arth. Hamr'arth sir' as ajlaltis.
du lait. Le lait il porta lui à la vieille. La vieille donna à lui queue-de-lui.

Ajlall ioui th i ouh'addad'[6] a th idhlel[5].
La queue il porta elle à le forgeron pour que elle il raccommodât.

Ah'addad'[6] ioukth ith immouth.
Le forgeron frappa lui il mourut.

Un rat vola du lait à une vieille; elle courut après lui, lui coupa la
queue et lui dit : Rends-moi ce lait, je te rendrai la queue. Il alla

١. خان, يخون. – ٢. راح, يروح. – ٣. ورق, ورقة. – ٤. بنى, بناى. – ٥. حد,
٦. عدل. – حداد.

trouver la chèvre et lui dit : Donne-moi du lait que je porterai à la
vieille pour qu'elle me rende ma queue. La chèvre répondit : Donne-
moi des feuilles de figuier. Le figuier lui dit : Répare-moi le canal,
je te donnerai des feuilles. Le canal lui dit : Amène-moi le maçon,
je te donnerai de l'eau. Le rat alla trouver le maçon qui lui dit :
Donne-moi un mouton, je te bâtirai une fontaine. Il alla vers le berger
qui lui répondit : Donne-moi un chien, je te donnerai un mouton. Il
alla chercher un chien et le donna au berger. Celui-ci lui donna un
mouton qu'il porta au maçon. Le maçon lui bâtit une fontaine ; celle-
ci lui donna de l'eau qu'il amena au figuier : le figuier lui donna des
feuilles, il les porta à la chèvre : la chèvre lui donna du lait qu'il
apporta à la vieille : celle-ci lui rendit sa queue. Il la porta chez le forgeron pour la raccommoder ; le forgeron le frappa et il mourut.

QUATRIÈME PARTIE

GLOSSAIRES[1]

—

CHAPITRE PREMIER

Glossaire français-berbère.

A

A. A'chacha, Haraoua, B. H'alima, Ouarsenis : *i* ى.

ABEILLE. Ouarsenis, Bel H'alima : *thizizouith* زيزويت, pl. *thizizoua* زيزوا ; Haraoua : *zizouat* زيزوت, pl. *thizizoua* زيزوا ; A'chacha : *izizoua* زيزوا ; cf. B. Menacer : *zizout* زيزوت pour *thizizout* زيزوت.

ABOYER (il aboie). Haraoua : *itezzi* يتزى (f. hab).

ACACIA. Ouarsenis : *thamemmaich* نمايش.

ACCROITRE. A'chacha : *erni* ارنى.

ACHETER. Ouarsenis et B. H'alima : *ar'* اغ, aor. *iour'* يوغ. Haraoua : *ser'* سغ, aor. *iser'a* يسغا; A'chacha : *asr'i* اسغى ; cf. Aoudjilah : *ser'* سغ, aor. *iser'a* يسغا.

ACHEVER. Haraoua : *semda* سمدا ; cf. Ahaggar : *semda* ·ⵍⵣⵀ, finir; Chaouia : *semd* سمد, achever; Chelh'a : *asemdi* اسمدى, parfait.

AGNEAU. B. H'alima et Haraoua : *izmer* زمر, pl. *izmaren* زملون.

AIEUL. B. H'alima : *dadda* ددا.

AIGLE. Ouarsenis et Haraoua : *isr'i* يسغى, pl. *isr'iaouen* دسغباون.

AIGRE. Ouarsenis et A'chacha : *asemmam* اسمام.

AIGUILLE. Ouarsenis : *thisineft* تسينبت; Haraoua : *thisini* تسبنى; A'chacha : *isineft* يسينبت, pl. *isinfathen* يسينبان, cf. Guélâia : *thisinft* تسينبت; K'çour : *tisineft* تسينبت.

AIL. Ouarsenis : *thichcherth* تشرت; Zouaoua et B. Menacer : *thichcherth* تشرت; Guélâia et Kibdana : *thichcharth* نشارت, ail.

AILE. B. H'alima : *ifarouen* يفارون (pl.); Ouarsenis : *afrioui* افريوى, pl. *ifriouin* يفريوين; Haraoua : *afer* ابر; pl. *afriouen* ابريون; A'chacha : *ifri* يفرى, pl. *ifriouen* يفريون.

ALFA. B. H'alima, Ouarsenis, A'chacha et Haraoua : *ari* ارى; cf. Zénaga : *téré* تى, sorte d'arbuste dont on fait des nattes.

ALLER. B. H'alima et Ouarsenis : *aiour* ايور; Ouarsenis : *aggour* اكور. — S'en aller. Ouarsenis : *ezoua* ازوا. — Aller à cheval. B. H'alima et Haraoua : *enia* انيا, aor. *inia* ينيا.

AME. A'chacha, B. H'alima, Ouarsenis : *iman* يمان.

AMER. B. H'alima : *asemmam* اسمام; Haraoua : *irzai* يرزاى; cf. Zouaoua : *erzay* ارزاك, être amer.

AMERTUME. Ouarsenis : *amerzaioun* امرزايون; cf. Bougie : *thimerzegth* تمرزكت.

AMI. B. H'alima, Ouarsenis : *ameddakoul* امدكول, pl. *imeddoukal* يمدوكال; Haraoua : *amdoukel* امدوكل, pl. *imeddoukal* يمدوكال; A'chacha : *ameddoukel* امدوكل, pl. *imdoukal* يمدوكال.

ANE. B. H'alima, Ouarsenis, A'chacha et Haraoua : *ar'ioul* اغيول, pl. *ir'ial* يغيال.

ANESSE. B. H'alima : *thar'ioulth* ثغيولت, pl. *thir'ial* ثغيال ; A'chacha : *ar'ioult* اغيولت, *ir'ioulint* يغيولبنت.

ANNÉE. Haraoua et A'chacha : *asouggouas* اسوكواس, pl. pl. *iseggouasen* يسكواسن. Ouarsenis et B. H'alima : *asouggas* اسوكاس. — L'année passée. B. H'alima : *azr'ath* ازغات.

ANNULAIRE. Ouarsenis : *amek'chouch* امقشوش.

ANON. Ouarsenis : *asemnous* اسمنوس ; B. H'alima : *asnous* اسنوس, pl. *isnasen* يسناسن ; A'chacha : *asenous* اسنوس, pl. *isenasen* يسناسن. La ressemblance de ce mot avec le latin *asinus* est frappante : il est étonnant cependant de ne trouver ce mot que dans ces deux dialectes et celui du Chelh'a du Haut Atlas : *asnous* اسنوس, f. *tasnoust* تسنوست [1].

APPELER (nommer). Haraoua : *ek'k'ar* اقار.

APPORTER. B. H'alima, A'chacha : *aoui d* اوى د, aor. *iououi d* يوى د.

ARBOUSIER. B. H'alima et Haraoua : *sasnou* سسنو.

ARBRE. B. H'alima : *thasafth* ثسافت ; Ouarsenis : *thachirth* تشيرت ; Haraoua : *azak'k'our* ازفور, pl. *izak'ka'r* يزفار. Cf. Zouaoua : *thezzour'* تزوغ, arbre ; A'chacha : *ikhelidjen* يخليجن (plur.).

ARGENT (métal). Haraoua et Ouarsenis : *azerf* ازرف (monnaie) ; B. H'alima et Ouarsenis : *ad'rim* اذريم pl. *id'rimen* يذريمن (de l'arabe درهم).

ARRIVER. Ouarsenis, A'chacha et Haraoua : *aouodh* اوض ; Bel H'alima : *aoudh* اوض, aor. *iououdh* يوض.

---

1. Cf. Quedenfeldt, *Eintheilung und Verbreitung der Berberbevölkerungen in Marokko*, Berlin, 1889, p. 200.

ARTICHAUD. Haraoua : *thaja* نزا. Cf. Zouaoua : *thaga* تڭا, pl. *thifar'ouin* تیاغوین. Cf. Zouaoua : *thifr'outs* تیغوت, pl. *thifr'oua* تیغوا.

ASPERGE. Ouarsenis : *thasekount* تسكومت; Haraoua : *asekkoum* اسكوم, pl. *isekkoumen* یسكومن.

ASSEOIR (S'). Ouarsenis : *k'im* قیم.

ASSIETTE. B. H'alima : *zioua* زیوا.

ASSOCIER (S'). A'chacha : *mdoukel* مدوكل.

ATTACHER. Ouarsenis, Haraoua : *ak'k'an* اقن.

AUBÉPINE. Ouarsenis : *ad'mem* اذمن. Haraoua : *ad'mam* اذمم.

AUJOURD'HUI. A'chacha, B. Menacer : *ass ou* اسو.

AURICULAIRE (doigt). Ouarsenis : *amezian* امزیان; Haraoua : *thilet'l'at* ثلطات.

AUTRE. Ouarsenis : *ennidhen* انیضن. Haraoua : *ouenni-dhen* ونیضن, *iennidhen* ینیضن, f. *thennidhen* ثنیضن, *thin ennidhen* ثین انیضن.

AVEC. B. Menacer, A'chacha : *akid'* اكیذ; B. H'alima, Ouarsenis : *akid* اكید; B. H'alima : *kid'* كیذ; B. H'alima : *id* ید; B. Menacer : *ad'* اذ. (instrum.), Haraoua, B. Menacer : *s* س.

AVEUGLE. B. H'alima : *ad'err'al* اذرغل; Ouarsenis : *ad'er-r'el* اذرغل.

AVOIR (il y a). A'chacha : *illour'* یلوغ; je n'ai rien, *ouellich r'eri* ولیش غری.

AZEROLIER. Ouarsenis : *thazirourth* زعرورت (de l'arabe زعرورة).

B

BARBE. B. H'alima : *thamarth* ثمارت; Ouarsenis : *thmart* ثمارت; A'chacha : *ah'marth* احمارت.

BATON. A'chacha : *aiet't'oum* ايطوم, pl *aiet't'oumen* ايطومن. Cf. Zouaoua : *ayel't'oum* اَكطوم, baguette, pl. *igoudhman* يكّوضمان.

BATTRE (Se). Haraoua : *menr'* منغ.

BEAUCOUP. Ouarsenis, Haraoua : *aiet'a* ايطا; B. Menacer : *aitta* ايتا; A'chacha : *ousain* وسعن (de l'arabe وسع).

BEC. Ouarsenis : *ar'enboub* اغنبوب.

BÈGUE. Ouarsenis : *anar'nar'* انغنغ.

BÊLER. Haraoua : *tsaih'an* تصاحان.

BÉLIER. B. H'alima : *thicheri* تشرى (coll.); A'chacha : *aillouch* اعلوش, pl. *iaillouchen* يعلوشن.

BERGER. B. H'alima, Ouarsenis : *anilti* انلتى, pl. *iniltan* ينلتان. Cf. Dj. Nefousa : *nilti* نلتى, gardien.

BLANC. B. H'alima, Ouarsenis, Haraoua et A'chacha : *amellal* املال.

BLÉ. B. H'alima, Ouarsenis, Haraoua et A'chacha : *ird'en* يردّن.

BLEU, VERT. B. H'alima, Haraoua et A'chacha : *aziza* ازيزا; Ouarsenis : *azeroual* ازروال.

BŒUF. B. H'alima, Ouarsenis et A'chacha : *afounas* افوناس, pl. *ifounasen* يفوناسن; Haraoua : *ioui* يوى, pl. *ioug'aouen* يوكّاون. Cf. Bougie, *aioug* ايوكّ, pl. *iougaouen* يوكّاون.

BOIRE. Ouarsenis, Haraoua : *sou* سو; A'chacha et B. Halima : *esou* اسو. Apporte-moi à boire, *aoui d a sou* اوى دا سو. — Faire boire. Ouarsenis : *sesoui* سسوى.

BOIS. B. H'alima et A'chacha : *ak'choud'* اكشوذ, pl. *ik'choud'en* يكشوذن; Haraoua : *ak'choudh* اكشوض, pl. *ik'choudhan* يكشوضان; Ouarsenis : *asr'ar* اسغار. —

Bois de la charrue. B. H'alima : *asr'er* اسغر, pl. *iser'ran* يسغران.

BOITEUX. Ouarsenis : *touban* توبان.

BON. Haraoua : *ahouir'* اهويغ, *azellal* ازلال; *aâlloul* اعلول.

BOUC. Ouarsenis : *aâlous* عزلوس.

BOUCHE. B. H'alima, Ouarsenis, Haraoua : *imi* ىمى, pl. *imaouen* يماون; A'chacha et Haraoua : *ak'emmoum* اكموم, pl. *ik'emmoumen* يكمومن.

BOUCLE D'OREILLE. Ouarsenis : *thiouinast* ثويناست. Cf. A. Khalfoun : *thaounist* ثاونست; Mzab : *touinest* توينست, pl. *touinas* تويناس.

BRAISE. B. H'alima : *irij* يريز. Cf. Zouaoua : *irrij* يرريز, pl. *irrijen* يريزن.

BRAS. B. H'alima, Ouarsenis, Haraoua : *ar'il* اغيل, pl. *ir'allen* يغالن.

BREBIS. B. H'alima, Ouarsenis, Haraoua : *thikhsi* تخسى; Haraoua : pl. *oulli* ولى; A'chacha : *hikhsi* هخسى, pl. *oulli* ولى.

BROUILLARD. Ouarsenis : *aiouth* ايوت. Cf. Zouaoua : *agou* اكو et *thagouth* تكوت; Bougie : *theqouts* تكوت; Chelh'a : *tagout* تكوت; Tuïtoq : *tadjiait* +ⴻⵉ+; Ahaggar : *taggait* +ⴻⵜ+

BRULER. A'chacha : *sar'* ساغ, aor. *isar'* يساغ.

BRUMEUX. Ouarsenis : *taiouth* يوت.

BRUN. Ouarsenis : *asellebou* اسلبو.

BUISSON. Ouarsenis : *thasetta* تسنا; Haraoua : pl. *thisedouin* تسدوين. Cf. Zouaoua : *thaset't'a* تسطا, branche, pl. *thisedhoua* تسضوا.

C

CACHER. A'chacha : *effer* افر.

CANAL. B. H'alima : *tharia* زريا ; Haraoua : *tharja* زرجا, pl. *thirijouin* زريزوين ; A'chacha : *aria* اريا, pl. *iriad'in* ءرياذين.

CASSER (il est cassé). A'chacha : *ierz* يرز.

CASSEROLE. Ouarsenis : *fan* فان.

CAVALIER. B. H'alima, Ouarsenis : *amnai* امناى, pl. *imnaien* عنان.

CE. Haraoua : *a* ا, *aia* ايا, *aoua* اوا ; Ouarsenis, B. Menacer : *a* ا ; B. Menacer : *agi* اكى ; B. H'alima, B. Menacer : *ou* و. — Ce que, A'chacha : *ma* ما.

CÈDRE. Ouarsenis : *thameddud* غذاد.

CELA. A'chacha : *enna* ةا ; Haraoua, B. Menacer : *enni* انى.

CENDRE. Ouarsenis : *ir'ed* يغذ ; B. H'alima : *ir'ed* يغذ.

CÉRÉALES. B. H'alima, Ouarsenis, Haraoua et A'chacha : *imendi* ءمندى.

CHACAL. B. H'alima, Ouarsenis, Haraoua et A'chacha : *ouchchen* وشن, pl. *ouchchanen* وشان.

CHAMEAU. B. H'alima : *alr'am* الغام, chameau, pl. *ilar'men* يلاغن ; Ouarsenis : *alr'am* الغام, pl. *ilar'men* يلاغن ; Haraoua : *alr'am* القام, pl. *iler'man* يلاغمان.

CHAMELLE. B. H'alima : *thalr'emt* تلغمت, pl. *thilar'min* بلاغين ; Ouarsenis : *thalr'emt* تلغمت, pl. *thiler'min* تلغمين ; Haraoua : *thilr'emt* تلغمت, pl. *thiler'min* تلغمين.

CHAMPIGNON. B. H'alima : *iourchel* يورشل ; Ouarsenis : *ioursel* يورسل, pl. *iourselen* يورسلن ; Haraoua : *joursel* زورسل, pl. *ijouriselen* يزورسلن.

CHARBON. Haraoua : *thierjin* ثيرزين (pl.) ; A'chacha : *irji* ءرزى, pl. *irjin* يرزين.

CHARRUE. Haraoua : *asr'ar* اسغار, pl. *isr'araouen* سغارون.

CHAT. B. H'alima : *amouch* اموش, pl. *inouchchen* يموشن;
Ouarsenis : *amchich* امشيش, pl. *imchichen* يمشيشن;
A'chacha : *amchich* امشيش, pl. *imchach* يمشاش.

CHAUDRON. Haraoua : *thaiddourth* ثيدورت (de l'arabe قدرة).

CHAUFFER (Se). B. H'alima : *izizen* يزيزن.

CHAUSSURE (semelle attachée aux pieds). B. H'alima :
archas ارشاس, pl. *irchasen* يرشاسن. Cf. Mzab : *tar-chast* ترشاست, pl. *tirchasin* ترشاسين.

CHAUVE. Ouarsenis : *ileftas* يلفتاس.

CHEMIN. B. H'alima, Ouarsenis : *abrid'* ابريذ, pl. *ibrid'an*
ابريذان; Haraoua : *abrid* ابريد; A'chacha : *abrid'* ابريذ,
pl. *ibrid'en* يبريذن.

CHÊNE. Ouarsenis : *thachierth* ثشيرت; B. H'alima :
acherrouch اشروش et *ajerrouch* ازروش, du latin
quercus.

— liège. Ouarsenis : *thafernant* ثفرنانت (arabe فرنانة).

— vert. Haraoua : *azerrouch* اكروش, *izerrouach* يكرواش.

CHER. B. Halima : c'est cher, *thella thouli* تلا ثولى (mot
à mot : c'est monté).

CHEVAL. B. H'alima : *aiis* ايس, pl. *iisan* يسان; Haraoua :
iis ييس, pl. *iisan* يسان; A'chacha : *doud'* عوذ (de
l'arabe عود), pl. *ir'allen* يغالن.

CHEVEU. B. H'alima : *zaf* زاب; Haraoua : *anzad* انزاد. Cf.
Bougie : *anzad* انزاد.

CHÈVRE. B. H'alima : *thr'at* ثغات, pl. *thir'attin* ثغاتين;
Ouarsenis : *thr'at'* ثغاط, pl. *thir'at't'in* ثغاطين; Haraoua : *thr'at'* ثغاط, pl. *thir'at't'an* ثغاطان; A'chacha :
r'at' غاط, pl. *ir'at't'en* يغاطن.

CHEVREAU. B. H'alima : *ir'id* يغيد, pl. *ir'aiden* يغايدن;
Ouarsenis : *ir'id'* يغيذ; A'chacha : *ar'id'* اغيذ, pl.
ir'aid'in يغايذين.

CHEZ. B. Menacer, Ouarsenis, B. H'alima et A'chacha : r'er غر.

CHIEN. B. H'alima, A'chacha et Haraoua : *aid'i* ايذى, pl. *iid'an* يذان; Ouarsenis : *aidhi* ايضى, pl. *iit'an* يطان. — Petit chien, B. H'alima : *ak'zin* افزين, pl. *ik'zinen* يفزين; Haraoua : *ak'zin* افزين, pl. *ikz'inan* يفزينان.

CHIENNE. B. H'alima : *thaid'ith* ثيذيت; A'chacha : *aid'it* ايذيت.

CHOUETTE. Ouarsenis : *thbouchth* ثبوشت.

CIEL. B. H'alima, Ouarsenis, Haraoua et A'chacha : *ajenna* اجنا.

CIL. Ouarsenis : *aiendi* ايندى.

CITROUILLE. Ouarsenis : *thakhchaith* تخشايت; Haraoua : *tzabaouth* تكباوت (arabe كابوية).

CŒUR. B. H'alima, Ouarsenis, Haraoua et A'chacha : *oul* ول, pl. *oulaoun* ولاون.

COLLIER. Ouarsenis : *thasouar'* ثسواغ.

COLLINE. Haraoua : *thaggaid* ثكايد, pl. *thiggaidin* ثكايدين.

COMBIEN. A'chacha : *achh'al* اشحل (de l'arabe اش حال), *matu* ماتا.

COMME. B. Menacer : *mh'al* محال, *ammi* امى.

COMMENT. B. Halima : *mar'a* ماغا; B. Menacer : *mant* مانت, *matad'i* متاذى, *manich* مانش; Ouarsenis, B. Menacer : *manis* مانس.

CONVERSATION. B. H'alima : *thameslaith* ثمسلايت. Cf. Zouaoua et Bougie : *thameslaith* ثمسلايت, pl. *thimeslain* ثمسلاين.

COQ. B. H'alima : *iazidh* يازيضى, pl. *iazidhan* يازيضان; Ouarsenis; *iazit'* يازيط, pl. *iazidhan* يازيضان; A'chacha : *iazidh* يازيضى, pl. *igazidhen* يكازيضن; Haraoua : *djiáder* جيعدر, pl. *djiáderen* جيعدرن.

CORBEAU. B. H'alima : *djarfi* جربى, pl. *idjarfiouen* يجربيون; Ouarsenis : *jarfi* زربى; Haraoua : *djarfi* جربى, pl. *thidjarfouin* نجربيون.

CORNE. B. H'alima : *ich* يش, pl. *ichaouen* يشاون; Ouarsenis : *ichch* يش, pl. *achchaoun* اشاون; Haraoua : *küchchou* كيشو, pl. *ikïchchouan* يكيشوان.

CORNEILLE. A'chacha : *garfith* كرفيت, pl. *garfithen* كرفين.

CÔTÉ. Haraoua : *ar'esdis* اغسديس, pl. *ir'esdisan* يغسديسان.

COU. Haraoua : *thacheroumt* نشرومت.

COUPER. Ouarsenis : *izoua* يوزا (aor.).

COUR (مراح). B. H'alima : *azien* ازين.

COURIR. B. H'alima, Ouarsenis, Haraoua et A'chacha : *azzel* ازل, aor. *iouzzel* يوزل; Ouarsenis : V⁰ f. *tazzel* نازل.

COURT. B. H'alima : *ak'ennich* اقنيش; Haraoua : *azer-nennai* اكرنناى.

COUSCOUS. B. H'alima : *sisou* سيسو.

COUTEAU. Ouarsenis : *thafloust* نفلوست; A'chacha : *akhed'mi* اخذى (de l'arabe خدى).

— pour tondre les moutons. B. H'alima : *asels* اسلس, pl. *iselsen* يسلسن.

CRACHER. Ouarsenis : *sousef* سوسف.

CRAINDRE. Ouarsenis : *oggoud* اڭود, f. hab. *taggoud* تڭود.

CRANE. Haraoua : *ijiman* يزيمان. Cf. Guélāïa et Kibdana : *ijiman* يزيمان, cou.

CRAPAUD. Ouarsenis : *thagargar* نكركار (pl.).

CRIBLE. Haraoua : *bousiat* بوسيات.

CUILLER. B. H'alima et Haraoua : *thar'endjaith* نغنجايت, pl. *thir'endjain* نغنجاين; Ouarsenis : *ar'endja* اغنجا.

CUISSE. Haraoua : *thamessat* نمسات; B. H'alima, Ouarsenis : *thar'ma* نغما, pl. *thar'maouin* نغماوين.

CUIT (Être). A'chacha : *inouou* بنو (aor.).

D

DANS. B. H'alima : *d'i* ذى ; A'chacha, Haraoua, B. Menacer : *d'eg* ذگ ; B. H'alima, Ouarsenis, B. Menacer : *g* گ ; B. Menacer : *di* دى.

DATTE. B. H'alima : *thaini* ثنى.

DE (gén.). A'chacha, B. H'alima, B. Menacer, Haraoua, Ouarsenis : *n* ن.

— (abl.). Ouarsenis, B. Menacer : *seg* سگ ; B. Menacer : *si* سى ; B. H'alima, A'chacha, B. Menacer :
s س ; Haraoua : *g* گ.

DEBOUT (Se tenir). Ouarsenis : *bedd* بد.

DÉLIVRER. Ouarsenis : *selliz* سللز (arabe سلك).

DEMAIN. B. H'alima, Ouarsenis, Haraoua et A'chacha :
aitcha ايچا. Après-demain, *ass iudhen* اس يضن.

DEMANDER. Haraoua : *tetter* تتر (f. hab.).

DEMEURER. Haraoua : *ek'kim* اقم.

DENTS (incisives). B. H'alima, Haraoua, Ouarsenis :
thir'mesth ثغمست, pl. *thir'mas* ثغماس.

— (molaires). Ouarsenis, Haraoua : *thasirth* ثسيرث,
pl. *thisira* ثسيرا ; B. H'alima : *thasirth* ثسيرث, pl.
thisar ثسار.

DERNIER. Haraoua : *aneggarou* انگارو.

DERRIÈRE (prép.). Haraoua : *d'effer* ذبر ; Ouarsenis :
zd'effer زدبر ; B. Menacer : *deffer* دبر.

DÈS QUE. B. Menacer : *r'ir* غير.

DESCENDRE. B. H'alima, Ouarsenis, Haraoua : *ers*
ارس ; Ouarsenis : *haoua* هوا. Faire descendre.
B. H'alima, Ouarsenis, Haraoua : *sers* سرس.

DESSOUS (Au). Ouarsenis : *eddou* ادو ; B. Menacer : *eddaou* اداو, *senai* سناى.

DEUX. B. H'alima, B. Menacer, Harnoua et A'chacha : *sen* سن, f. *sent* سنت ; Haraoua : *sin* سين, f. *sent* سنت.

DEVANT. B. H'alima : *ezzat* ازات ; B. Menacer : *zath*, *zat* زات, زات, *ezzith* ازيت.

DEVENIR. Ouarsenis : *ioula* يولا (aor.).

DIEU. B. H'alima : *ajellid amek'k'eran* الزليد امغران.

DIFFICILE (Être). Ouarsenis : *iggour* (aor.) يڭور.

DIRE. B. H'alima, Ouarsenis et A'chacha : *ini* ينى, aor. *inna* ينا.

DISS. B. H'alima : *ad'les* ادلس ; A'chacha : *aselbou* اسلبو.

DOIGT. B. H'alima : *dhadh* ضاض, pl. *idhoudhan* يضوضان ; Ouarsenis : *dhad'* ضاد, pl. *idhoud'an* يضوضان ; Haraoua : *dhad* ضاد, pl. *idhoudan* يضودان ; A'chacha : *adh* اض, pl. *idhan* يضان.

— du milieu. Ouarsenis : *lemmach* لماش.

— de pied. B. H'alima : *thifednin* ثيفدنين. Cf. Bougie : *thifdnets* ثيفدنت ; B. Iznacen : *thifednin* ثيفدنين.

DONNER. B. H'alima, Ouarsenis et A'chacha : *ouch* وش.

DORMIR. B. H'alima : *et'l'as* اطلاس ; Ouarsenis : *et'l'es* اطلس ; Haraoua : *iet'l'as* يطلاس (aor.).

DOS. B. H'alima : *thioua* ثيوا, pl. *thiouaouin* ثيواوين ; Haraoua : *assen* اسن, pl. *issenin* يسنين ; A'chacha : *ar'eddis* اغديس, pl. *ir'iddasen* يغيدسن.

DOUAR. B. Halima : *asoun* اسون, pl. *isounan* يسونان.

DOUX. Ouarsenis : *idfa* يدفا.

DROITE. B. H'alima : *aifous* ايفوس ; Ouarsenis : *azeffoust* اكفوست.

E

EAU. B. H'alima, Ouarsenis, B. Menacer, Haraoua et A'chacha : *aman* امان.

ÉCORCE. Ouarsenis : *thachchiourth* نشيورت (cf. arabe فشرة). Haraoua : *thifli* ثفلى.

ÉCOUTER. Ouarsenis : *sar'ad* سغد.

ÉCRIRE. B. H'alima, Ouarsenis, Haraoua et A'chacha : *ari* ارى; B. H'alima : III° f. pas. *touari* توارى; A'chacha : j'écris, *ad' aria* اذ اريا; tu écris, *d aried'* د اريذ.

ÉCRITURE. B. H'alima : *thira* ثيرا.

ÉGORGER. B. H'alima : *er'res* اغرس; A'chacha : *r'eres* غرس; Ouarsenis : *ar'res* اغرس; Haraoua : *r'ers* غرس, III° f. pas. *touar'ers* نواغرس.

ELLE. A'chacha, Haraoua et B. Menacer : *nettath* نتات; B. H'alima : *nettat* نتات; Ouarsenis : *nettatha* نتاتا; (pl.) A'chacha et B. Menacer : *nahnint* نهنينت; B. H'alima : *nithentent* نتنتنت; Haraoua : *nahenti* نهنتى.

ÉLOIGNÉ (Être). B. H'alima : *eggoudj* اكوج, aor. *ieggoudj* يكوج.

ENCORE. A'chacha : Encore un peu, *erni akchich* ارنى اكشيش.

ENFANT. B. H'alima : *achourid'* اشوريذ, pl. *ichourid'en* يشوريذن, f. *thachouridl'et* نشوريذت, pl. *thichourid'in* نشوريذين; Haraoua : *idziz* يعزيز, pl. *idzizan* يعزيزان (sans doute de l'arabe عزيز); A'chacha : *ah'zaou* احزاو, pl. *ih'zaouen* حزاون.

ENFUIR (S'). A'chacha : *erouel* اروّل.

ENSEIGNER. A'chacha : *aïelmed'* ايلمذ (3ᵉ pers.) de l'arabe لم.

ENSUITE. B. Menacer : *mbaïd* مبعد.

ENTENDRE. Haraoua : *sel* سل ; A'chacha · *asel* اسل.

ENTERRER (il a été enterré). A'chacha : *int'al* ينطل.

ENTRE. Haraoua : *jar* زار ; Ouarsenis, B. Menacer : *djar* جار. — D'entre. B. Menacer : *si* سي, *zi* زى.

ENTRER. B. H'alima, Ouarsenis, Haraoua et A'chacha : *ad'ef* اذف, aor. *ioud'ef* يوذف. — Faire entrer, A'chacha : *soud'ef* سوذف.

ENVOYER. Haraoua : *azen* ازن, aor. *ouznar'* وزناغ, *thouznedh* ثوزنض, *iouzen d* يوزن د, *nouzen d* نوزن د, etc. Cf. Zouaoua : *azen* ازن.

ÉPAULES. Ouarsenis : *thir'ard'in* ثغاردين; Haraoua : *thir'ardin* ثغاردين. Cf. Temsaman et B. Iznacen : *thir'ardin* ثغاردين.

ÉPERON. B. H'alima : *ajebour* ازبور, pl. *ijebouren* يزبورن (de l'arabe شبور).

ÉPERVIER. Ouarsenis : *thaferma* ثفرما.

ÉPINE. Ouarsenis, Haraoua : *asennan* اسنان, pl. *isennan* يسنان.

ESCARGOT. Ouarsenis : *ajour'lal* ازوغلال. Cf. Zouaoua : *ajour'lal* ازوغلال.

ESSAIM. A'chacha : *aïlaf* ايلاف, pl. *aïlafen* ايلافن.

ET. Ouarsenis, B. Menacer, A'chacha : *d*.

ÉTÉ. Ouarsenis : *anebdou* انبدو; A'chacha : *anebd'ou* انبذو.

ÉTOILE. B. H'alima, Ouarsenis, Haraoua et A'chacha : *ithri* يثرى, pl. *ithran* يثران.

ÊTRE. B. H'alima, Ouarsenis, Haraoua et A'chacha : *ili* يلي, aor. *illa* يلا. Se trouver, Haraoua : *r'li* غلي;

A'chacha : j'étais, *ettoura* اتورا ; c'est elle, *ag nettath* اك نتاث.

EUX. A'chacha, Ouarsenis, Haraoua, B. Menacer : *nahnin* نهنين ; B. H'alima : *nithenti* نثنتي.

ÉVEILLER (S'). Ouarsenis : *ekker* اكر ; Haraoua : *ouzi* وكى, aor. *iouzi* يوكى.

EXPULSER. Haraoua et B. H'alima : *soufer'* سوفغ.

F

FAIM. Ouarsenis : *louz* لوز. Avoir faim, B. H'alima : *ellouza* الوزا (1re pers.) ; Ouarsenis, Haraoua : *ellouzar'* الوزاغ (1re pers.) ; A'chacha : *ellouza* الوزا (1re pers.).

FAIRE. B. H'alima : *ad'el* اذل (de l'arabe عدل ?) ; cf. Dj. Nefousa : *tadel* تادل, commencer ; Haraoua : *ai* اى, *ejj* اژ ; B. H'alima : *eg* اكَ, aor. *igou* يكَو. Il fit le mort, *igou iman ennes immouth* يكَو يمان انس يموث.

FARINE. A'chacha : *aren* ارن.

FATIGUÉ (je suis). A chacha : *ouh'la* وحلا.

FAUCILLE. Ouarsenis, Haraoua et A'chacha : *amjer* امزر, pl. *imjeran* يزران.

FEMME. B. H'alima : *thamettouth* ثمتوث, pl. *thisednan* ثسدنان ; Ouarsenis : *thamet't'oth* ثمطت, pl. *thisid'nan* ثسدنان ; Haraoua : *thamet't'outh* ثمطوث, pl. *thisednan* ثسدنان ; 'Achacha : *amet't'outh* امطوث, pl. *ised'nan* يسدنان.

FER. B. H'alima : *ouzal* وزال ; Ouarsenis : *ouzzel* وزل ; A'chacha et Haraoua : *ouzzal* وزال.

FERMER. B. H'alima, Haraoua et A'chacha : *ak'k'en* اقن.

FEU. B. H'alima, Haraoua, Ouarsenis : *thimsi* نمسى ;
A'chacha : *imesi* يمسى.

FEUILLE. Ouarsenis : *thaourik'th* نوريغث (de l'arabe ورقة).

FÈVES. B. H'alima, Ouarsenis, Haraoua et A'chacha :
ibaouen بياون.

FIANCÉ. B. H'alima : *isli* يسلى ; Ouarsenis : *asli* اسلى, pl.
isliaouin يسليا وين.

FIANCÉE. B. H'alima, Ouarsenis : *thaslith* ثسليث ; A'chacha : *aslith* اسليث, pl. *islain* يسلاين.

FIÈVRE. Ouarsenis, Haraoua : *thimsi* نمسى.

FIGUE. A'chacha : *hazarth* هزراوث.

FIGUE (de Barbarie). Ouarsenis : *tharoummochth* زرومشت
(de l'arabe روم).

FIGUIER. B. H'alima, Haraoua : *thazarth* زارث. Figuier
de Barbarie. Haraoua : *thazarth Iroumien* زارث
يرومين.

FIGURE. Haraoua : *oud'em* وذم, pl. *oud'maouen* وذماون.

FILER. Haraoua : *lemmi* لى.

FILLE. Ouarsenis : *thaddist* ثديست ; A'chacha : *thah'-
zaout* يحزاوت, pl. *ih'zaouint* يحزاوينت.

FILS. B. H'alima : *memmi* مى ; Ouarsenis : *addis* عديس.

FLEUVE. B. H'alima, Ouarsenis : *ir'zar* يغزار, pl. *ir'ezran* يغزران ; Haraoua : *ir'zer* يغزر, pl. *ir'ezran* يغزران.

FLUTE. Ouarsenis : *ak'ochbout'* اقشبوط (arabe قصبة ?).

FOIE. B. H'alima : *thasa* ثسا ; Ouarsenis : *essa* اسا ; Haraoua : *thesa* ثسا, pl. *thisaouin* ثساوين.

FOIS. Ouarsenis, Haraoua : *thikell* ثكلت.

FONDRE (v. n.). Ouarsenis : *efsi* افسى.

FONTAINE. Ouarsenis : *thala* ثلا.

FORÊT. B. H'alima : *thizii* زى ; Ouarsenis : *thezgi* زكى ;
Haraoua : *thizgi* زكى.

FOURMI. Ouarsenis : *thichetfet* نشتفت, pl. *thichetfin* نشتفين; Haraoua : *thichetfat* نشتفت, pl. *thichetfin* نشتفين.

FOURRÉ. B. H'alima : *thierziu* نيرزين.

FRAISE. Ouarsenis : *thabr'a* ثبغا.

FRAPPER. Ouarsenis : *aouth* اوث; Haraoua et A'chacha : *outh* وث.

FRÈRE. B. H'alima, Ouarsenis : *iouma* يوما, pl. *iithma* يثما; A'chacha : *iouma* يوما, pl. *ioumathen* يومان.

FROID. B. H'alima : *asommid'* اسميذ; Ouarsenis : *asommid* اسميد; A'chacha : *asoummed'* اسومذ.

FROMAGE. A'chacha : *atchil* اجيل.

FRONT. B. H'alima : *thinerth* نزث; Ouarsenis : *thid'gerth* نذكرت; Haraoua : *thiidnerth* نيدزت, *thiinna (r)* نينا(ر).

FUIR. B. H'alima et Ouarsenis : *erouel* ارول.

FURET. Ouarsenis : *dzirda* دزردا.

G

GALE. Ouarsenis : *azedjir* ازجير.

GANDOURA. Ouarsenis : *thak'baith* نغبايث.

GENÊT (épineux). B. H'alima, Ouarsenis, Haraoua : *azezzou* اززو; B. H'alima : *thizith* نيزيت; Haraoua : *tilouggith* تلوكيت.

— (du Sahara). Ouarsenis : *taretmith* زنميت (de l'arabe رنم).

GENÉVRIER. B. H'alima, Ouarsenis, Haraoua : *amelzi* املزى.

GENOU. B. H'alima et A'chacha : *foud'* بوذ, pl. *ifad'en* يفاذن; Ouarsenis : *foudh* بوض, pl. *ifadhen* يفاض; Haraoua : *foud'* بوذ, pl. *ifadden* يفادن.

GENS. B. H'alima, A'chacha : *midden* مدن.

GERBES. Haraoua : *ir'allen* يغالن.

GERBOISE. B. H'alima : *idoui* يدوي, pl. *thadouiin* ثدوين.

GLANDS DOUX. Ouarsenis : *ibelladh* بلاض.

GORGE. B. H'alima : *airzi* ايرزى; Ouarsenis : *aierzi* ايرزى; Haraoua : *thagerjoum* ثكرزوم; A'chacha : *akerzi* اكرزى.

GOURBI. Haraoua : *h'anou* حانو, pl. *ih'ouna* يحونا; B. H'a-lima : *thanouall* ثنوالت, pl. *thinoualin* ثنوالين.

GRAISSE. Ouarsenis : *eddehin* ادهن (de l'arabe دهن); B. H'alima : *amellal* املال.

GRAND. B. H'alima et A'chacha : *amek'k'eran* امغران, f. *tamek'k'erant* تمغرانت; *amok'ran* امغران; Haraoua : *amok'k'eran* امغران.

GRAS. B. H'alima : *ak'ouan* اقوان.

GRENOUILLE. Ouarsenis, Haraoua : *ajerou* ازرو, pl. *ijera* يزرا.

GUÉPARD. Ouarsenis : *thafazi* ثفزى.

GUÊPE. Ouarsenis : *thiinzer* ثينز; Haraoua : *izelba* يزلبا (pl.).

GUÉRIR (Se). Ouarsenis : *igenfa* يكنفا (aor.).

H

HABILLER (S'). Ouarsenis : *ired* يرد.

HACHE. Ouarsenis : *aielzim* ايلزيم.

HAÏK. B. H'alima : *adjthi* اجثى, pl. *idjthan* يجثان.

HASE. Ouarsenis : *thagennint* ثكنينت; cf. sur ce mot mes *Notes de Lexicographie berbère*, II° série, p. 65.

HATER (Se). Ouarsenis : *fesous* بسوس.

HAUT (En). A'chacha : *s ousouen* سوسون ; B. Menacer : *sendji* سنجى.

HERBE. B. H'alima : *aremmou* ارمو ; A'chacha : *aheddou* اهدو.

HÉRISSON. B. H'alima, Ouarsenis : *inisi* ينيسى, pl. *insaien* ينساين ; Haraoua : *insi* ينسى, pl. *insaouen* ينساوون.

HEURE (De bonne). A'chacha : *ziz* زيك.

HIER. Ouarsenis : *idhennadh* يضناض ; Haraoua et A'chacha : *assennadh* اسناض. — Avant-hier, Ouarsenis : *iidh idhen* يض يضن ; Haraoua : *idhennadh* يضناض ; A'chacha : *r'ir ass ennadh* غير اس اناض.

HIRONDELLE. Ouarsenis : *thifillellest* تفلالست.

HOMME. B. H'alima, Ouarsenis, Haraoua et A'chacha : *iriaz* رياز, pl. *iriazen* ريازن.

HÔTE. B. H'alima, Ouarsenis : *anouji* انوزى, pl. *inoujiouen* انوزيون ; Haraoua : *anoubji* انوبزى, pl. *inoubjiouen* انوبزيون.

HYÈNE. B. H'alima, Ouarsenis, Haraoua : *ifis* يفيس, pl. *ifisen* يفيسن.

I

ICI. A'chacha : *ana* انا ; B. H'alima : *d'an* ذان ; B. Menacer : *d'ani* ذانى. — D'ici, B. Menacer : *sia* سيا.

INSULTER. Haraoua : *ikour* يكور (aor.) avec le datif.

INTERROGER. B. H'alima : *sasen* ساسن.

INTESTIN. Haraoua : *asermoum* اسرموم, pl. *isermoumen* يسرمومن.

INTRODUIRE. Ouarsenis, Haraoua : *sid'ef* سيذف.

J

JAMBE. B. H'alima : *iler'* يلغ, pl. *ilr'an* يلغان.

JARDIN. B. H'alima et A'chacha : *ourthou* ورثو, pl. *our-than* ورثان.

JAUNE. B. H'alima, Ouarsenis, Haraoua et A'chacha : *aourar'* اوراغ, pl. *iourar'en* يوراغن.

JETER. B. H'alima : *mel'er* مطر.

JONC. Haraoua : *aselbou* اسلبو.

JOUE. Haraoua : *thaggith* ثڭيت, pl. *thaggai* ثڭاى. Cf. Ouargla : *aggai* اڭاى, pl. *iggaien* يڭاين.

JOUER. Ouarsenis et A'chacha : *ourar* ورار ; Haraoua : *tour'ar* تورار (forme d'habitude). Elles jouaient, A'chacha : *ellant ourarent* الانت ورارنت.

JOUG. Ouarsenis : *zailou* زيلو.

JOUR. B. H'alima, Ouarsenis, Haraoua, B. Menacer et A'chacha : *ass* اس, pl. *oussan* وسان.

JUJUBIER SAUVAGE (arabe سدرة). B. H'alima, Haraoua : *thazouggarth* ثزوڭارث ; Ouarsenis : *tha-zouggorth* ثزوڭرت ; Haraoua : *thazouggouarth* ثزوڭوارث, pl. *thizour'in* ثزوغين.

JUMEAUX. Ouarsenis : *iȥnionen* يكنيون. Cf. Bot'ioua : *iȥniouin* يكنيوين.

JUMENT. B. H'alima : *thaimarth* ثيارت, pl. *thiimarin* ثيمارين ; Ouarsenis : *thaimarth* ثيارت, pl. *thir'allin* ثغالين ; Haraoua : *thag'marth* ثڭارت, pl. *thir'allin* ثغالين ; A'chacha : *aimath* ايمث, pl. *ir'allint* يغالينت.

JUSQU'A. B. H'alima : *sel* سل. — Jusqu'à ce que, A'chacha : *al* ال ; B. Menacer : *r'imi* غيمى, *asami* اسامى ; Haraoua : *ailmi* ايلمى.

K

KESKAS. B. H'alima : *madoun* مدون, pl. *imoudan* يمودان ; Ouarsenis : *mazan* مزان.

KOUSKOUS. Ouarsenis : *thistou* نستو.

L

LABOUR. B. H'alima : *thairza* تيرزا.

LABOURER. A'chacha : *akriz* اكريز.

LAINE. B. H'alima : *thadhouft* ثدوفت ; **Ouarsenis et Ha-raoua :** *thad'ouft* ثذوفت ; **A'chacha :** *ad'ouft* اذوفت.

LAISSER. A'chacha : *adjou* اجو.

LAIT (doux). B. H'alima, Ouarsenis, Haraoua et A'cha-cha : *ar'i* اغى.

— — **(aigre). B. H'alima :** *atchil* اجيل ; **Harnoua :** *chinin* شنين ; **A'chacha :** *ar'i asemmam* اغى اسمام.

— — **(caillé). Haraoua :** *al'chi* اطنى.

LANGUE. B. H'alima, Ouarsenis, Haraoua et A'chacha : *iles* يلس, pl. *ilsan* يلسان.

LAPIN. Haraoua : *thagninth* تكنينث.

LARMES. Ouarsenis, Haraoua : *imet'l'aoun* يمطاون.

LAURIER-ROSE. B. H'alima, Ouarsenis, Haraoua : *alili* البلى.

LAVER. B. H'alima et A'chacha : *sired'* سيرذ ; **Ouarse-nis :** *sired* سيرد.

LÉGER. Ouarsenis : *afsous* افسوس.

LENTISQUE. B. H'alima, Ouarsenis, Haraoua et A'cha-cha : *thadist* نديست.

LEVER (Se). B. H'alima : *ekker* اكر. Faire lever, **Ouar-senis :** *sekker* سكر.

LÈVRE. Harnoua : *akmim* اكيم.

LEVRETTE. B. H'alima : *thououchchat* نوشات.

LEVRIER. B. H'alima : *ououchcha* ووشا. Cf. Bot'ioua : *ouchcha* وشا ; **Zouaoua :** *ouchchai* وشاى.

LÉZARD. Ouarsenis : *thazermoumith* نزرموبث.

LIÈVRE. Ouarsenis : *thaierzist* نيرزيست; Haraoua : *el-h'orra* الحرة; A'chacha : *elh'arroth* الحرث.

LION. B. H'alima, Ouarsenis et A'chacha : *airad'* ايراذ, pl. *iirad'en* ريادن; Haraoua : *airad* ايراد, pl. *airaden* ارادن.

LIRE. A'chacha : *air'ar* ايغار (aor.).

LOIN DE. B. Menacer : *zi* زى.

LONG. B. H'alima, Ouarsenis, Haraoua : *azirar* ازرار.

LUI. A'chacha, B. Menacer, Haraoua, Ouarsenis, B. H'alima : *netta* نتا. — Chez lui, *r'eres* غرس. — De lui, *ennes* انس. — A lui, *as* اس.

LUMIÈRE. Ouarsenis : *thaid'emt* نيذمت; B. H'alima : *tha-faouth* نفاوث.

LUNE. B. H'alima, Haraoua : *iiour* يور, pl. *iiaren* يارن; A'chacha : *iiour* يور, pl. *iiouren* يورن. — Clair de lune, Ouarsenis, Haraoua : *thaziri* نزيرى.

M

MACHOIRE. Haraoua : *ar'esmar* اغسمار, pl. *ir'esmaren* يغسمارن. Cf. Zouaoua et Bougie : *ar'esmar* اغسمار, pl. *ir'esmaren* يغسمارن.

MAIN. B. H'alima, Haraoua, Ouarsenis : *fous* فوس, pl. *ifassen* يفاسن; A'chacha : *afous* افوس, pl. *ifassen* يفاسن.

MAIS. B. Menacer : *r'ix* غيخ.

MAISON. B. H'alima : *thaddarth* ندارت, pl. *thoudrin* نودرن; Ouarsenis : *azek'k'a* ازقا, *thazek'k'a* نزقا; Haraoua : *thaddarth* ندارت, pl. *thiiddar* نيدار; A'chacha : *addachr* اددشر, pl. *idchirin* يدشيرن (de l'arabe دتشرة?). Cf. Zouaoua : *thazek'k'a* نزقا.

MALADE. Ouarsenis : *ih'elliχ* يحليك (aor.); Haraoua : *mah'lachou* محلشو. Cf. B. Iznacen : *h'lich* حليش, être malade. A'chacha : je suis malade, *ellir' ouzmira* البغ وزميرا. Ils sont malades, *ellan ouzmiren* الان وزميرن.

MANGER. B. H'alima, Ouarsenis, Haraoua et A'chacha : *etch* اج, manger; Ire f. Ouarsenis : *setcha* سچا, f. hab. B. H'alima : *tettach* تتاش; A'chacha, mange un peu, *etch akchich* اج اكشيش; je ne mange pas, *ou tetta ch* وتتاش; qu'as-tu mangé? *ma ta tchid'* ما تا چيذ; je n'ai pas mangé, *ou tchir'* و چيغ.

MARCHE. Ouarsenis : *thichli* نشلي. Cf. Mzab : *titchli* نجلي; A'chacha : *eiour* اور.

MARCHÉ. C'est bon marché, B. H'alima : *thah'aououf* نحوب.

MARCHER. Ouarsenis : *eddou* ادو; Haraoua : *oug'our* وكور, aor. *ioug'our* يوكور; A'chacha : *eiour* اور. Cf. Zouaoua, Bougie, O. Rir', Taroudant, Guélâia, Chelh'a, Bot'ioua du Vieil-Arzeu : *eddou* ادو.

MARMITE. B. H'alima, Ouarsenis : *thaidourth* نيدورث, pl. *thioudar* نيودار (de l'arabe فدرة); Haraoua : *thak'louch* نغلوش.

MAUVAIS. Ouarsenis : *ichemas* يشماس; Haraoua : *ith-fouh'* يثجوح.

MELON. Ouarsenis : *thafekkousth* نفكوست; Haraoua : *afekkous* افكوس.

MÊME (Lui-). A'chacha : *iman nes* يمانس.

MENTIR. B. H'alima : *skherkhour* سخرخور; A'chacha : *tkhour* تخور. Il m'a menti, *illa itkhour felli* يلا يتخور فلي.

MENTON. Haraoua : *themart* نمارت; Ouarsenis : *thmarth* نمارث.

MÈRE. Ouarsenis, Haraoua : *imma* اڭ; A'chacha :
h'anna حا.

MERLE. Haraoua : *thajah'moumt* ثزجومت. Cf. sur ce mot
mes *Notes de Lexicographie berbère*, II⁰ série,
p. 68. Ouarsenis : *h'arraich* حريش.

METTRE. B. H'alima : *eg* اڭ, aor. *igi* يڭى.

MEULE. Haraoua : *annar* انار, pl. *inoura* ينورا. Cf. Mzab :
anrar انرار, meule. Zouaoua : *annar* انار, aire, pl.
inourar ينورار; Bougie : *annar* انار, aire, pl. *innou-
rar* ينورار.

MIDI. B. H'alima : *thizarnin* تزارنين. Cf. Dj. Nefousa :
tizarnin تزارنين.

MIEL. B. H'alima, Haraoua, Ouarsenis : *thamemt* ثمت;
A'chacha : *hamemt* همت.

MILIEU. Haraoua : *ammas* اماس.

MIROIR. B. H'alima : *thisith* ثسيت.

MOI. B. H'alima, A'chacha, Ouarsenis, Haraoua,
B. Menacer : *netch* نج; B. H'alima : *netchi* نجى;
B. Menacer : *nechh* نش, *netchinti* نجنتى; A'chacha,
B. H'alima, Haraoua, B. Menacer : de moi, *inou*
ينو; Ouarsenis, B. Menacer : *iou* يو. — A moi,
B. H'alima, A'chacha : *ii* ىى; Ouarsenis, Haraoua,
B. Menacer : *ai* اى. — Moi (comp. direct.), B.
Halima, A'chacha, Ouarsenis, B. Menacer, Ha-
raoua : *i* ى. — Chez moi, B. H'alima, A'chacha,
Ouarsenis, Haraoua, B. Menacer : *r'eri* غرى.

MOIS. B. H'alima : *iiour* يور, pl. *iiaren* يارن; Haraoua :
iiour يور, pl. *iiaren* يارن et *iiouren* يورن; Ouarsenis :
iiour يور, pl. *iiouren* يورن.

MOISSONNER. A'chacha : *emjer* امزر.

MONTAGNE. B. H'alima : *ad'rar* اذرار, pl. *id'ourar* يذورار;

Ouarsenis, Haraoua et A'chacha : *ad'rar* اذرار, pl. *id'raren* يذرارن.

MONTER. B. H'alima : *ali* الى, aor. *iouli* يولى ; Ouarsenis : *gd* كد. Faire monter, B. H'alima : *sili* سيلى.

MONTRER. Ouarsenis : *senath* سنات ; B. H'alima : *setchen* سجن.

MOUCHE. B. H'alima, Ouarsenis, Haraoua : *izi* يزى, pl. *izan* يزان.

MOUILLER. Ouarsenis : *essoufeth* اسوبت.

MOULIN. B. H'alima : *thasirth* تسيرت, pl. *thisar* تسار.

MOURIR. A'chacha : *immouth* يموت (aor.).

MOUTON. B. H'alima, Ouarsenis : *allouch* علوش ; Haraoua : *izerri* يكرى, pl. *azraren* اكرارن. Cf. B. Iznacen : *zerri* كرى, pl. *azraren* اكرارن.

MULE. B. H'alima : *thaserd'ount* تسردونت ; Haraoua : *thaserdount* تسردونت, pl. *thiserdan* تسردان ; A'chacha : *aserd'ount* اسردونت, pl. *iserd'ant* يسردانت.

MULET. B. H'alima, Ouarsenis, Haraoua : *aserd'oun* اسردون, pl. *iserd'an* يسردان ; A'chacha : *aserd'oun* اسردون, pl. *iserd'ounen* يسردونن.

MÛRE. Ouarsenis, Haraoua : *thabr'a* تبغا ; A'chacha : *habr'a* هبغا.

MUSETTE (de cheval). B. H'alima : *asires* اسيرس, pl. *isiras* يسيراس. Cf. Zouaoua : *asegres* اسكرس.

MYRTE. Haraoua : *tharih'ant* تريحنت (de l'arabe ريحان).

N

NATTE. B. H'alima, Ouarsenis, Haraoua : *ajerthil* اژرثيل, pl. *ijerthal* يزرثال ; Haraoua : *thazerbith* تزربت (de l'arabe زربية) ; dimin. B. H'alima : *thajerthilth* تژرثيلت,

pl. *thijerthal* نزرثال; A'chacha : *agerthill* اكّرثيلت, pl.
igerthalen يكرثالن.

NAVETTE. Ouarsenis : *thakhlalt* ثخلالت (ar. خلة cheville?).

NE... pas. B. Halima : *our... ch* ورش....; Ouarsenis :
ouala ولا, *ou... chei* وشي, *our* ور; A'chacha, B. Menacer : *ou... ch* ورش....; Haraoua : *oul* ول.

NÈGRE. B. Halima : *ismej* يسمج, pl. *isemjan* يسمزان; Haraoua : *asekkiou* اسكيو; Ouarsenis : *iskiou* يسكيو,
pl. *iskiouan* يسكوان; A'chacha : *askiou* اسكيو, pl.
askaouen اسكاون.

NÉGRESSE. B. Halima : *thaia* ثيا, pl. *thiouin* ثيوين. Cf.
Taroudant : *touaia* توايا; A'chacha : *askiouth* اسكيوث,
pl. *iskiouint* يسكيوينت.

NEIGE. B. Halima : *ad'fel* اذفل.

NEZ. B. Halima : *thinzert* ثنزرت, pl. *thinzaren* ثنزارن et
thinzar ثنزار; Ouarsenis : *thinzar* ثنزار; Haraoua :
akhenchouch اخنشوش; A'chacha : *inzer* ينزر, pl. *inzaren* ينزارن.

NOCE. Ouarsenis : *ettrid* الزيد.

NŒUD. Ouarsenis · *acherous* الشروس. Cf. Syouah : *aku-
rous* اكروس; Mzab : *atchrous* اجروس.

NOIR. B. Halima : *aberchan* ابرشان; Ouarsenis, Haraoua :
aberzan ابرزان, pl. *iberzanen* يبرزانن; A'chacha : *aberkan* ابركان.

NOIX. Ouarsenis : *thamechchouachth* ثمشواشث; Haraoua :
elmisouarth المسوارث.

NOMBRIL. Ouarsenis : *thahanbout* ثهنبوت; Haraoua :
taaibbout تعبوت. Cf. Zouaoua : *thaaibbout'* ثعبوط,
ventre; Bougie : *thaaibbout'th* ثعبوطث, ventre.

NOUS. Ouarsenis et A'chacha : *netchnin* نجنين; B. Halima : *netchinin* نجينين; Haraoua : *nechni* نشنى; B.

Menacer : *netchenin* لجنين. — De nous, B. H'alima, Ouarsenis, Haraoua, B. Menacer : *ennar'* ناغ ; A'chacha : *enna* نا ; B. Menacer : *ar'* اغ. — A nous, B. H'alima, A'chacha, Ouarsenis, Haraoua, B. Menacer : *anar'* اناغ. — (comp. dir.), B. H'alima, Ouarsenis, Haraoua : *nar'* ناغ ; A'chacha, *na* نا ; B. Menacer : *ar'* اغ. — Chez nous, B. H'alima, Ouarsenis, Haraoua, B. Menacer : *r'ennar'* غناغ ; A'chacha : *r'erna* غرنا.

NUIT. B. H'alima, Ouarsenis. Haraoua et A'chacha : *idh* يض, pl. *iidhan* يضان.

O

ŒIL. B. H'alima, Ouarsenis, Haraoua : *thit'* ثط, pl. *thit'aouin* ثطاوين.

ŒUF. B. H'alima, Ouarsenis, Haraoua : *themellalt* ثملالت, pl. *thimellalin* ثملالين ; A'chacha : *thmallalet* ثملالت, pl. *imellalin* يملالين.

ŒILLET. Ouarsenis : *izouran* يزوران.

OISEAU (petit). A'chacha : *aferroudj* ابروج, pl. *iferroudjen* يبروجن.

OLIVIER SAUVAGE. B. H'alima, Ouarsenis, Haraoua : *azzemmour* ازمور, pl. *izemmouren* يزمورن, dimin. B. H'alima, Ouarsenis : *thazemmourth* ثزمورت.

OMBRE. B. H'alima, Haraoua : *thili* ثلى, pl. *thiliouin* ثليوين.

ONGLE. B. H'alima : *achcher* اشر, pl. *achcharen* اشارن, et *ichcher* يشر, pl. *ichcharen* يشارن ; Ouarsenis : *ichcharen* يشارن (plur.) ; Haraoua : *ichcher* يشر, pl. *achcharen* اشارن.

OR. B. H'alima et Ouarsenis : *ourar'* وراغ; Haraoua : *d'cheb* ذهب (de l'arabe ذهب).

OREILLE. B. H'alima : *amezzour'* امزوغ, pl. *imezzar'* يمزاغ; Ouarsenis, Haraoua et A'chacha : *amezzour'* امزوغ, pl. *imezzour'en* يمزوغن.

OREILLER. B. H'alima : *thâilaout* تعلوت, pl. *thiâllaouin* تعلاوين.

ORGE. B. H'alima, Ouarsenis, Haraoua : *thimzin* تمزين.

ORPHELIN. Ouarsenis : *aioujil* ايوزيل; A'chacha : *aioudjil* ايوجيل, pl. *ioudjilen* يوجيلن. Cf. Kçour : *aioujil* ايوزيل, pl. *ioujilen* يوزيلن.

ORPHELINE. Ouarsenis : *thaioujill* تيوزيلت; A'chacha : *aioudjill* ايوجيلت, pl. *aioudjilint* ايوجيلينت.

OS. Ouarsenis, Haraoua : *ir'es* يغس, pl. *ir'esan* يغسان.

OU (conj.). B. Menacer : *ner'*, *nir'* نغ.

OÙ. B. H'alima : *hani* هانى; Haraoua et B. Menacer : *mani* مانى; A'chacha : D'où es-tu? *ma gems chek* ماكس شك. D'où es-tu venu? *mani hous'id* مانى هوسـد. Où veux-tu aller? *mani khsed' a rouh'ed'* مانى خسـد اروحـذ.

OURSE (Grande). Haraoua : *arfadi enmich* اربدى النعش.

OUBLIER. Ouarsenis : *tou* تو; A'chacha : *ettou* اتو.

OUTRE. B. H'alima : *aiddid'* ايديد, pl. *idid'en* يديذن.

OUVRIR. B. H'alima, Ouarsenis, Haraoua et A'chacha : *arzem* ارزم.

P

PAILLE. B. H'alima, Haraoua : *loum* لوم; Ouarsenis : *aloum* الوم.

PAIN. B. H'alima, Ouarsenis, Haraoua : *ar'eroum* اغروم. Un pain, B. H'alima : *thaifnith* تيفنيث.

PALAIS (de la bouche). Haraoua : *anar'* اناغ. Cf. Zouaoua : *anner'* انغ.

PALMIER NAIN (ar. دوم). B. H'alima : *thiizemth* نيزمت ; Ouarsenis : *aiezzomt* ايزمت ; Haraoua : *thiizzamt* نيزمت, pl. *thiizemin* نيزمين.

PANTHÈRE. B. H'alima, Ouarsenis, Haraoua et A'chacha : *ar'ilas* اغيلاس, pl. *ir'ilasen* يغيلاسن.

PAR. B. Menacer : *seg* سڭ.

PARCE QUE. B. Menacer : *oukken* وكن, *ammi* اى ; Ouarsenis, Haraoua : *ala khat'er* على خاطر.

PARCELLE (de terre). B. H'alima : *thiireth* نيرث, pl. *thiirathin* نيرانين (arabe حرث ?).

PARLER. B. H'alima : *sioul* سيول ; Ouarsenis : *sid'mer* سذمر ; Haraoua : *sedmer* سدمر ; A'chacha : *tmeslai* نمسلاى. Il parle avec moi : *itmeslai akid'i* نمسلاى اكيذى.

PAROLE. B. H'alima : *aoual* اوال.

PARTAGER. Ouarsenis : *ak'jai* افزاى.

PAUME. Haraoua : *elchef* الشف (ar. كف).

PAYS. B. H'alima : *thamourth* نمورث, pl. *thimoura* نمورا.

PEAU. B. H'alima, Ouarsenis et A'chacha : *ailim* ايليم, pl. *ilimen* يليمن ; Haraoua : *ag'lim* اڭليم.

PÊCHE. Ouarsenis : *thakhoukhth* نخوخت (ar. خوخ).

PERCER. Ouarsenis : *staonk'k'es* ستونكس.

PERDRIX. B. H'alima : *askour* اسكور, fém. *thaskourth* نسكورت ; Ouarsenis : *thasekkourth* نسكورت, pl. *thichchirin* نشرين ; Haraoua : *thasekkourth* نسكورث, pl. *thisixrin* نسكرين ; A'chacha : *asekkourth* اسكورث, pl. *isekran* يسكران.

PÈRE. B. H'alima, Ouarsenis : *baba* ببا ; A'chacha : *bab* باب ; Haraoua : *bouia* بويا.   Grand-père, Ouarsenis : *dadda* ددا.

PERSONNE. A'chacha, B. H'alima et Ouarsenis : *iman* ايمان.

PETIT. B. H'alima, Ouarsenis, Haraoua et A'chacha : *amezzian* امزيان, pl. *imezzianen* يمزيان.

PEU. A'chacha : *d'erous* ذروس. — Un peu, *akchich* اكشيش.

PEUPLIER. Ouarsenis : *thaçefçafth* تصفصابت (arabe صفصاف).

PEUT-ÊTRE. B. Menacer : *iemkin* يمكن.

PIÈCE D'EAU. Haraoua : *ajja* اجا. Cf. Mzab : *aja* اجا, seau en cuir.

PIED. B. H'alima : *d'ar* ذار, pl. *id'aren* يذارن ; Ouarsenis, Haraoua : *dhar* ضار, pl. *idharen* يضارن ; A'chacha : *id'ar* يذار, pl. *id'aren* يذارن.

PIERRE. B. H'alima : *thouk'ith* توفيث, pl. *thouk'ai* توفای ; Ouarsenis : *ad'r'ar'* اذغاغ, *thaouk'k'ith* توفيث ; Haraoua : *azerou* ازرو, pl. *izera* يزرا ; *azek'k'our* ازفور ; A'chacha : *ouk'k'ith* وفيث, pl. *ouk'k'ain* وفاين. Cf. B. Iznacen : *iouk'iin* يوفين (pl.).

PIEU (d'une tente). B. H'alima : *thirselth* تيرسلت, pl. *thirsal* تيرسال.

PIGEON. Ouarsenis : *ithbirin* يثبيرن (pl.) ; A'chacha : *ad'bir* اذبير, pl. *id'biren* يذبيرن ; B. H'alima : *aziza* ازيزا, pl. *izizaoun* يزيزاون.

PIN. Haraoua : *thaid'a* ثيذا, pl. *thaid'aouin* ثيذاوين. Cf. Zouaoua : *thaid'a* ثيذا, pl. *thiid'iouin* ثيذيون ; Guélâia et Bougie : *thaida* ثيدا, pl. *thaidaouin* ثيدوين.

PIOCHE. B. H'alima : *aizim* ايزيم, pl. *iizam* يزام ; Haraoua : *aielzim* ايلزيم, pl. *ielzam* يلزام ; A'chacha : *aielzim* ايلزيم, pl. *ielzimen* يلزيمن.

PIQUET (de tente). B. H'alima : *zij* زيج, pl. *izajen* يزاجن.

PIS (de la vache). B. H'alima : *ifef* يفف, pl. *ifefan* يففان. Cf. Zouaoua : *iff* يف, mamelle, pl. *iffan* يفان.

PLACER. Haraoua : *sers* سرس.

PLAT. B. H'alima et Ouarsenis : *zioua* زيوا (pl.) ; B. H'alima : *thizouaouin* ثزواوين.

PLOMB. Ouarsenis, Haraoua : *aldoun* الدون.

PLUIE. B. H'alima : *ajenna* اجنا ; Ouarsenis : *ennoueth* التوث (arabe نوْ) ; A'chacha : *anzar* الزار.

POIS. A'chacha : *inifin* بنيفين.

PLUS. B. Menacer : *kther* كثر.

POISSON. Haraoua : *aselm* اسلم, pl. *iselman* يسلمان ; A'chacha et Ouarsenis : *iselmen* يسلمن (pl.).

POITRINE. B. H'alima : *idhmaren* يضمارن ; Ouarsenis : *id'maren* يذمارن ; A'chacha : *ad'mar* اذمار, pl. *idmaren* يذمارن.

POIVRE. Haraoua : *h'arour* حرور ; A'chacha : *ifelfel* يفلفل (de l'arabe فلفل).

PORC-ÉPIC. B. H'alima : *aroui* اروى ; Ouarsenis : *tharoui* ثروى ; Haraoua : *aroui* اروى, pl. *arouzan* اروكان.

PORTE. Ouarsenis : *thaonourth* ثورت, pl. *thououra* ثورا ; Haraoua : *thaouourth* ثورت, pl. *thiououra* ثورا.

POU. Ouarsenis, Haraoua : *thiichchet* ثيشت, pl. *thiichchin* ثيشين. Cf. Chaouia : *ichet* يشت, pl. *tichchin* ثيشين ; Guélâia : *thiichchith* ثيشت, pl. *thiichin* ثيشين.

POUCE. Ouarsenis : *izemmest* يكمست ; Haraoua : *ichemz* يشمز. Cf. Ahaggar : *agemah* ⵉⵎⵜ et Taïtoq : *adjemah* ⵉⵎⵜ

POUDRE. B. H'alima : *aberchan* ابرشان.

POULAIN. B. H'alima : *arous* اروس, pl. *irousan* يروسان ; A'chacha : *azmer* ازمر.

POULE. B. H'alima, Ouarsenis : *thiazit'* ثيازيط, pl. *thiazidhin* ثيازيضين ; Haraoua : *thiazit'* ثيازيط, pl. *thiazit'in* ثيازيطين ; A'chacha : *iazit'* يازيط.

POULICHE. B. H'alima : *thoudii* نودي, pl. *thoudiaouin* نودياوين.

POUMON. Ouarsenis : *thachefchath* تشفشات; Haraoua : *tharouth* زروث.

POUR QUE. B. Menacer, Ouarsenis : *a* ا; B. H'alima, B. Menacer : *bach* باش; A'chacha et B. H'alima : *ad* اد.

POURQUOI. B. H'alima, Haraoua, B. Menacer, Ouarsenis : *ma r'ef* ما غف; B. Menacer : *matami* ماتامى.

POUSSIÈRE. Haraoua : *chal* شال.

POUVOIR. Haraoua : *itak'* يتاق (ar. طاق ?).

PRAIRIE. Haraoua : *alma* الما, pl. *ilmathen* يلمائن. Cf. Zouaoua : *alma* الما, pl. *ilmathin* et dimin. *thal-mats* تلمات, pl. *thilmathin* تلمائين.

PREMIER. Ouarsenis : *amzouar* امزوار; Haraoua : *am-zouarou* امزوارو, f. *thamzouarouth* تمزواروث, pl. *im-zououra* يمزورا.

PRENDRE. B. H'alima et A'chacha : *el'l'ef* اطف; اغ *ar'*.

PRÊTER. A'chacha : *erd'el* ارذل. Ouarsenis : *erdhel* ارضل. Cf. Zouaoua et Mzab : *erdhel* ارضل.

PRINTEMPS. Haraoua : *thafsous* تفسوس, *hafsous* هفسوس. Cf. Zouaoua : *thafsouth* تفسوث, printemps; Bougie : *thafsouith* تفسويت, fin du printemps.

PRUNE. Ouarsenis : *thaberk'ok'th* تبرقفت; Haraoua : *tha-berk'ouk'th* تبرفوفت (de l'arabe برفوق).

PUCE. Haraoua : *χoured* كورد, *iχourdan* يكوردان; Ouarsenis : *ichourd'an* يشوردان (pl.); A'chacha : *ikour-d'an* يكوردان (pl.).

PUPILLE (de l'œil). Haraoua : *moumou* مومو. Cf. Zouaoua : *aoummou* اومو, dim. *thaoummouchth* توموشت et *thamemmouchth* تمموشت, pl. *thimemmou-chin* تمموشين (en arabe d'Algérie مو).

Q

QUAND. Haraoua : *mi* ى ; B. Menacer : *mani* مانى, *main-d'elououk'th* مانى ذالوفت ; *as* اس ; *asald* اسلد ; *mante-louok'th* مانت الوفت ; Ouarsenis : *ma* ما ; B. H'alima : *melmi* ملمى.

QUE. B. Menacer : *ma* ما.

QUEL. Haraoua : *oua* او.

QUELQUES. Ouarsenis : *chera* شرا.

QUEUE. B. Menacer : *thajlalth* ثزلالت.

QUI (interrog.). Haraoua, Ouarsenis, B. Menacer : *mana* مانا ; B. Menacer : *manais* مانايس ; Ouarsenis : *mi* ى, *mesmis* مسميس. — Avec qui, Haraoua : *makid* ماكيد. — (relatif) Haraoua : *enni,* انى ; Ouarsenis, B. Menacer : *ma* ما.

QUOI. Haraoua. B. Menacer : *mata* ماتا. — Avec quoi, Haraoua : *mas* ماس.

QUOIQUE. B. Menacer : *ouaida* واىدا.

R

RACINE. B. H'alima, Haraoua : *azouar* ازوار, pl. *izouran* يزوران ; Ouarsenis : *adjouar* اجوار.

RAISIN. B. H'alima : *thizaourin* ثزاورن ; Ouarsenis : *asem-moum* اسموم ; Haraoua : *thizourin* ثزورن ; A'chacha : *izourin* يزورن.

RASER. Ouarsenis : *set'l'el* سطل. Cf. Zouaoua et Bougie : *set'l'el* سطل, f. hab. *tset'l'il* تسطيل.

RASSASIÉ. B. H'alima : *ijennouan* يزنوان ; Ouarsenis : *idjiouan* يجيوان. Cf. Ouargla : *ijiouen* يزيون, rassasié ; Mzab : *jaoum* زاوم, rassasier ; Mzab : *djaouent*

جاونت, satiété; A'chacha : je suis rassasié, *edjiouna*
اجبوَّا; Taïtoq : *amadjoun* ⵉⵣⵌ, satiété; Ahaggar :
eiouen ⵍⵥ, être rassasié; *seiouen* ⵍⵥⵀ, rassasier;
Taïtoq : *ieouen* ⵍⵥ, être rassasié; *siouen* ⵍⵥⵀ,
rassasier; Ahaggar et Taïtoq : *tiouant* +ⵍⵜ+, satiété.

RAT. B. H'alima, Ouarsenis et A'chacha : *ar'erd'a*
اغردا, pl. *ir'erd'ain* يغردائن.

RATE. Ouarsenis, B. H'alima : *inerfat* ينرفت.

RAVIN. Ouarsenis : *thakhlich* تخليش; Haraoua : *assehou*
اسهو.

RENARD. Ouarsenis : *azab* اكاب.

RESTER. Ouarsenis : *ek'k'im* اقيم; A'chacha : *k'im* قيم.
— Reste à terre, *k'im ay mourth* قيم اك مورت.

RETOURNER. Ouarsenis : *chia* شيا.

RICHE. B. H'alima : *anebkhout* انبخوت, pl. *inebkhat* ينبخت.

RIEN. B. Menacer : *oualou* والو, *oulach* ولاش.

RIRE. Ouarsenis : *idhes* يضس, aor. *idhsou* يضسو; A'chacha : *tadhes* تاضس (forme d'hab.). Il rit après moi,
itadhes fella يتاضس بلا.

RIVIÈRE. B. H'alima : *ir'zer* يغزر, pl. *ir'zeran* يغزران;
A'chacha : *ir'zar* يغزار, pl. *ir'ezran* يغزران.

ROCHER. B. H'alima, Ouarsenis : *azerou* ازرو, pl. *izera* يزرا.

ROI. B. H'alima : *ajellid* اژليد.

RONCE. Haraoua : *ar'chabou* اغشبو.

ROSEAU. B. H'alima : *ir'anem* يغنم; Ouarsenis et Haraoua : *r'anim* غانيم, pl. *ir'animen* يغانيم.

RÔTIR. Ouarsenis : *χanif* كنيف. Cf. Zouaoua et Bougie :
eknef اكنف.

ROUGE. B. H'alima, Ouarsenis, Haraoua : *azouggar*
ازوكّار; A'chacha : *azouggar'* ازوكّاغ.

RUCHE. B. H'alima : *oufal* وبل ; Ouarsenis : *ar'ras* اغراس.
Cf. Zouaoua : *thar'ourast* نغوراست, pl. *thir'ourasin*
نغوراسين ; Chelh'a : *thar'erast* نغوراست, pl. *thir'ourasin*
نغوراسين ; Bougie : *thar'erasth* نغوراست, pl. *thir'erasin*
نغوراسين.

S

SABLE. B. H'alima : *ijed'i* يزذى ; A'chacha : *ijedi* يزذى.
Cf. Zouaoua : *ijed'i* يزذى ; Guélâia et Kibdana :
ijedi يزذى.

SABRE. A'chacha : *afarou* ابرو, pl. *iferaoun* يفراون.

SAISIR. Haraoua : *el't'ef* اطف.

SALIR. Ouarsenis : *semsakh* سمساخ (de l'arabe وسخ ?).

SALIVE. Haraoua : *izoufa* يكوبا.

SANG. Ouarsenis : *id'amen* يذامن ; Haraoua : *id'ammen*
يذامن.

SANGLIER. B. H'alima, A'chacha, Ouarsenis, Haraoua :
ilef يلف ; pl. *ilfan* يلفان.

SANGSUES. Haraoua : *thiidda* ثيدا (pl.). Cf. Ouargla :
tiddet تيدت, pl. *tiiddad* تيداد.

SAUTERELLE. B. H'alima : *arziz* ارزيز ; A'chacha : *iberrou* يبرو ; Ouarsenis : *aberriou* ابرو.

SAVOIR. B. H'alima, Ouarsenis : *essin* اسين ; Haraoua :
issen يسن ; je sais, *senar'* سناغ ; je ne sais pas, *oul essi-
ner' ch* ول اسينغ ش ; A'chacha : *ou ssinir' ach* وسينغ اش.

SCORPION. B. H'alima : *thir'erd'emt* نغرذمت, pl. *thir'erd'-
maouin* نغرذماوين ; A'chacha : *ir'erd'amt* يغرذامت,
pl. *ir'erd'amin* يغرذامين ; Ouarsenis : *thar'erd'imth*
نغرذيمت ; Haraoua : *thar'erd'amt* نغرذامت, pl. *thir'erd'-
maouin* نغرذماوين.

SEC. Ouarsenis : *iak'k'or* يقر.

SEIN. Haraoua : *abebbouh'* ابيوح.

SELLE. B. H'alima : *tharith* زريت, pl. *thirichin* زريشين.

SERPENT. Ouarsenis, Haraoua : *fir'ar* بغار, pl. *ifir'ran*
يبغران. Cf. Ouargla : *fir'ar* بغار, pl. *ifir'eran* يبغران.

SI. B. Menacer : *mig* ميگ, *migilla* ميگيلا; Haraoua : *imka*
يمكا; Ouarsenis : *lou kan* لو كان. — Si ce n'est, B.
Menacer : *r'ir* غير, *sioua* سوا.

SILO. B. H'alima : *thaserafth* نسرابت, pl. *thiserfi* نسرىى;
A'chacha : *aserafth* اسرابت; Haraoua : *thaseraft*
نسرابت, pl. *thiserfin* نسربين.

SOC. B. H'alima et Ouarsenis : *thairsa* ثيرسا, pl. *thiirsiouin* ثيرسيون; Haraoua : *thag'ersa* ثگرسا, pl. *thigersiouin* ثگرسيون. Cf. Zouaoua : *thagersa* ثگرسا, pl.
thigersiouin ثگرسيون et Bougie : *thagoursa* ثگورسا,
pl. *thigoursiouin* ثگورسيون.

SŒUR. B. H'alima, A'chacha : *oultma* ولتا; Haraoua :
khaiit خيت (de l'arabe اخت); Ouarsenis : *ouetma*
وتا.

SOIF (Avoir). Ouarsenis : *foud'* بوذ, aor. *iffoud'* يبوذ;
A'chacha : j'ai soif, *effoud'a* ابوذا.

SOIR. B. H'alima : *thameddith* ثمديت. Cf. Zouaoua, Bougie, A. Khalfoun : *thameddith* ثمديت; Zouaoua :
thamdith ثمديت; Mzab et Dj. Nefousa : *tameddit*
تمديت; Zénaga : *tamedith* تمديت; Touat : *tameddit*
تمديت; Chaouia : *immeddit* عمديت.

SOLEIL. B. Halima, Ouarsenis : *thfouith* ثبويت; A'chacha : *fouith* بويت; Harakta : *fouix* بويك, *thfouchth*
ثبوشت.

SOMMEIL. Ouarsenis : *idhes* يضس, *at't'as* اطلس.

SORTIR. B. H'alima, A'chacha, Ouarsenis, Haraoua :

effer' ابغ. — Faire sortir, A'chacha et Haraoua : *soufer'* سوبغ.

SOUPER. B. H'alima : *mounsou* مونسو et *imensi* يمنسى.

SOURCE. Ouarsenis : *thit'* نيط.

SOURCIL. Ouarsenis : *thammaouin* نماوين (pl.). Cf. Zouaoua et Bougie : *thimmi* نمى, pl. *thimmiouin* نميوين; Guélâia : *thammiouin* نميوين (pl.).

SOURD. B. H'alima : *amezzoudj* امزوج, pl. *imezzadj* يمزراج.

SOURIS. Haraoua : *ar'erd'a* اغردا, pl. *ir'erd'ain* يغردابن.

SOUS. B. Halima : *s addou* سادو.

SOUVENIR (Se). Ouarsenis : *mext̲i* مكنى.

SUEUR. Haraoua : *thid'i* نيذى. Cf. Zouaoua : *thid'i* نيذى.

SUR. B. H'alima, B. Menacer et A'chacha : *f* ب, *r'ef* غب; A'chacha, B. Menacer : *fell* بل.

T

TAIRE (Se). B. H'alima et A'chacha : *sousem* سوسم.

TALON. Ouarsenis : *inirej* ينيرز. Cf. Mzab et Ouargla : *inerz* ينرز, pl. *inerzaouen* ينرزاون.

TAPIS. B. H'alima : *achdhif* اشضيب, pl. *ichedhifen* بشضيبن.

TAUREAU. Haraoua : *afounas* ابوناس, pl. *ifounasen* يبوناسن.

TÉNÈBRES. Haraoua : *thallest* نلست.

TERRE. B. H'alima et Haraoua : *chal* شال; Ouarsenis et Haraoua : *thamourth* نمورث, pl. *thimoura* نمورا; A'chacha : *hamourth* همورث.

TÊTE. B. H'alima, Ouarsenis, A'chacha, Haraoua : *ikhf* يخب. pl. *ikhfaouen* يخباون; Haraoua : *ak'arnoû* اڧرنوع, pl. *ik'arnâ* يڧرناع.

TOI. B. H'alima, Ouarsenis, B. Menacer, Haraoua et A'chacha : *chek* شك, fém. *chem* شم. — Chez toi,

B. H'alima : *r'erik* غريك ; A'chacha, Ouarsenis, B.
Menacer : *r'erex* غرخ ; A'chacha, Haraoua : *r'erech*
غرش, fém. B. H'alima, Ouarsenis, Haraoua, B.
B. Menacer, A'chacha : *r'erem* غرم. — De toi,
A'chacha : *ennex* انك ; B. H'alima : *nich* نش ;
A'chacha et Haraoua : *ennich* انش ; B. Menacer :
ennix انيك ; Ouarsenis : *ek* الك, *ex* الك ; B. Menacer : ك
ix; fém. B. H'alima, A'chacha, Haraoua : *ennem*
ام ; B. Menacer : *ennim* انيم ; Ouarsenis et B. Menacer : *im* يم. — A toi (m.), B. H'alima, A'chacha,
Haraoua : *ach* اش ; Ouarsenis : *ax* الك ; B. Menacer :
iak يك ; (fém.) B. H'alima, A'chacha, Ouarsenis,
Haraoua, B. Menacer : *am* ام : B. Menacer : *iam*
يام. — compl. direct d'un verbe (m.), B. H'alima :
ch ش : A'chacha, Ouarsenis, B. Menacer : خ الك ;
Ouarsenis : *ak* الك ; Haraoua : *ich* يش ; B. Menacer : *ik* يك, *ak* الك ; fém. B. H'alima, A'chacha,
Ouarsenis, Haraoua, B. Menacer : *m* م.

TOISON. B. H'alima : *ilis* يليس, pl. *ilisen* يليسن. Cf. Zouaoua : *ilis* يليس, pl. *ilesen* يلسن.

TOMBEAU. Ouarsenis : *anil* انيل, pl. *inilen* ينيلن. Cf. Mzab :
anil انيل, pl. *inilen* ينيلن.

TOMBER. Ouarsenis : *ih'ou/* يحوب (aor.) ; Haraoua : la
pluie tombe, *aman la tchat'en* امان لا چاطن.

TORTUE. B. H'alima : *ilil* يليل ; Ouarsenis : *ifker* يفكر ;
Haraoua : *ifcher* يفشر, pl. *ifcheren* يفشرن.

TÔT. Haraoua : *ezzix* ازبك.

TOURNER. Ouarsenis : *asoun* اسون.

TOURTERELLE. Ouarsenis et Haraoua : *thmalla* ثملا, pl.
thimallouin ثملاوين.

TOUSSER. Ouarsenis : *tousou* توسو.

TRAIRE. Ouarsenis : *iazzi* بازى (aor. 3ᵉ p.) ; Chaouia : *ezzi* ازى.

TREILLE. Haraoua : *thajennant* نوناننت (de l'arabe جنان).

TRONC. Ouarsenis : *thaigersth* نيكرست ; Haraoua : *thayijourth* نكبزورت (de l'arabe جذرة?).

TROU. B. H'alima, Ouarsenis, Haraoua : *akhbou* اخبو, pl. *ikhouba* يخوبا ; Haraoua : *thaijjourth* ثيبزورت, pl. *thiijjar* نيبزار.

TROUVER. B. H'alima, Ouarsenis, Haraoua : *af* اف, aor. *ioufa* يوفا.

TUER. B. H'alima, Ouarsenis : *enr'* انغ ; Haraoua : *enr'* انغ, aor. *inr'a* ينغا ; A'chacha : *anr'* انغ, aor. *inr'ou* ينغو.

U

UN. B. H'alima : *idjen* يجن, fém. *thiicht* ثيشت ; A'chacha : *idj* يج, f. *hicht* هيشت ; Ouarsenis, B. Menacer, Haraoua : *idj* يج, f. *icht* يشت.

V

VACHE. B. H'alima, Ouarsenis, Haraoua : *thafounast* ثفوناست, pl. *thifounasin* ثيفوناسين ; A'chacha : *hafounast* هفوناست, pl. *hifounasen* هيفوناسن.

VASE. A'chacha : *ak'bouch* اقبوش.

VAUTOUR. B. H'alima : *thamedjd'ir* ثمجذير, *ichouchou* يشوشو, pl. *ichouchouen* يشوشون ; Ouarsenis : *thiisr'i* ثييسغى. Cf. Zouaoua : *isr'i* يسغى, petit vautour, pl. *isr'an* يسغان et B. Iznacen : *ichouchouen* يشوشون, poulets.

VEAU. B. H'alima, A'chacha, Ouarsenis : *aindouz* ايندوز, pl. *iendouzen* يندوزن.

VENDRE. B. H'alima, A'chacha : *zenz* زنز ; Ouarsenis : *bâ* باع (de l'arabe).

VENDU (Être). B. H'alima, A'chacha : *enz* ازْ.

VENIR. B. H'alima, A'chacha, Haraoua : *as d* د اس.
— L'homme est venu chez moi, A'chacha : *iousa d ariaz r'eri* يوساد ارياز غرى. — Qu'il vienne, *ad ias* اد ياس.

VENT. B. H'alima, A'chacha, Ouarsenis : *ad'ou* اذو ; Haraoua : *ad'ou* اذو, pl. *ad'outhen* اذوثن.

VENTRE. B. H'alima, Haraoua : *aâddis* اعديس, pl. *iâddisan* يعديسان ; Ouarsenis : *aâddist* اعديست.

VER. B. H'alima : *itchaoun* يجاون (pl.) ; A'chacha : *thakchaouith* نكشاويث, pl. *ikitchaoun* يكجاون ; Ouarsenis : *thakchaouin* نكشاوين (pl.) ; Haraoua : *thikchaouin* نكشاوين. Cf. Mzab : *takcha* نكشا, pl. *tikchaouin* نكشاوين ; Bougie : *thakettchaouth* نكجاوث, pl. *thikettchaouin* نكجاوين, ver blanc qui ronge les racines.

VERGER (de figuiers). Ouarsenis et Haraoua : *ourthou* ورثو, pl. *ourthan* ورثان.

VERMINE. Ouarsenis : *thasellout* نسلوت.

VERRE. Ouarsenis : *thichith* نشيث.

VERSER. Haraoua : *itcheb* يجب (aor. de l'arabe كبّ).

VERT. B. H'alima : *aziza* ازيزا ; Ouarsenis : *azourd'ani* ازوغداني.

VÊTEMENTS. B. H'alima : *aroudh* اروض.

VIANDE. B. H'alima, Haraoua : *aisoum* ايسوم.

VIEILLARD. B. H'alima, Ouarsenis, Haraoua : *amr'ar* امغار, pl. *imr'aren* يمغارن.

VIEILLE. B. H'alima et Haraoua : *thamr'arth* نمغارث, pl. *thimr'arin* نمغارين.

VIEUX. B. H'alima : *aousar* اوسار, pl. *iousoura* يوسورا ; Ouarsenis : *aoussar* اوسار.

VIGNE. A'chacha : *asafth* اسافث ; Ouarsenis : *eddilith* ادايث (de l'arabe دالية).

VILLAGE. B. H'alima : *thadarth* تدارت, pl. *thoudrin* تودرين.

VILLE. B. H'alima : *thamd'int* تمدينت (de l'arabe مدينة).

VIPÈRE. B. H'alima : *thalefsa* تلفسا ; B. H'alima et A'chacha : *alefsa* العفسا.

VISAGE. B. H'alima, A'chacha, Haraoua : *oul'em* وذم, pl. *oul'maoun* وذماون ; Ouarsenis : *akhenchouf* اخنشوف. Cf. Zouaoua : *akhenfouch* اخنفوش, bouche, pl. *ikhounfach* يخونفاش.

VOICI. Ouarsenis : *atha* اثا ; Haraoua : *douai* دواى, fém. *touai* توای.

VOIR. B. H'alima : *zer* زر, aor. *iazer* يازر ; Ouarsenis : *zer* زر, aor. *izerou* يزرو ; Haraoua : *zer* زر, aor. *izera* يزرا ; B. H'alima et A'chacha : *ak'al* اقال. Cf. Zouaoua : *mouk'el* موقل, regarder ; Bougie : *mok'-k'el* مقل ; Harakta : *ak'al* اقال.

VOLER (dérober). Ouarsenis : *ikhouggoud* يخوڭود (aor.) ; Haraoua : *ikhouggen* يخوڭن (aor.). — S'envoler, B. H'alima : *afi* ابى.

VOULOIR. B. H'alima, A'chacha, Ouarsenis, Haraoua : *ekhs* اخس ; Ouarsenis : *ira* ير (aor.).

VOUS. (masc). B. H'alima : *kounim* كونيم ; A'chacha : *chemmin* شمين ; Ouarsenis et Haraoua : *chennin* شنين ; B. Menacer : *χennioun* كنيون ; (fém.) A'chacha : *chemmentin* شمنتين ; B. H'alima : *kounimt* كونمت ; Ouarsenis et Haraoua : *chennint* شنينت ; B. Menacer : *χennniount* كنيونت. — Chez vous, B. H'alima, A'chacha, Ouarsenis, B. Menacer : *r'erouen* غرون ; Haraoua : *r'erchem* غرشم ; (fém.) A'chacha, B. Menacer : *r'erouent* غرونت ; Haraoua : *r'erchemt*

غرشمت. — De vous (masc.) : B. H'alima, A'chacha, Ouarsenis, B. Menacer : *ennouen* انون ; Haraoua : *enchem* انشم ; (fém.) A'chacha, B. Menacer : *ennouent* انونت ; Haraoua : *enchemt* النشمت. — A vous (masc.), B. H'alima, A'chacha, Ouarsenis : *aouen* اون ; Haraoua : *achem* اشم : B. Menacer : *iaouen* باون ; (fém.) B. H'alima, A'chacha : *aouent* اونت ; Haraoua : *achemt* اشمت ; B. Menacer : *iaouent* باونت ; — compl. direct (masc.) : B. H'alima, A'chacha, Ouarsenis, B. Menacer : *ouen* ون ; Haraoua : *chem* شم ; (fém.) Haraoua : *chemt* شمت ; B. Menacer : *tchent* جنت.

Glossaire berbère-français.

B

B B CH. 1° B. Menacer : *abebbouch* ابوش, sein, pl. *ibeb-bach* بباش.

2° **B B H'.** Haraoua : *abebbouh'* ابوح, sein.

B D. Ouarsenis : *bed* بد, aor. *ibedd* بيد, se tenir debout, se dresser.

B. Menacer : *bed* بد, aor. *ibed* بيد, se tenir debout.

B R D'. A'chacha : *abrid'*, chemin, اريذ, pl. *ibrid'en* يريذن; Ouarsenis et B. H'alima : *abrid'* اريذ, chemin, pl. *ibrid'an* يريذان.

B. Menacer : *abrid'* اريذ, pl. *ibrid'en* يريذن.

2° **B R D.** B. H'alima et Haraoua : *abrid* اربد.

B R R. A'chacha : *iberrou* يبرو, sauterelle.

B. Menacer : *aberrou* ابرو, pl. *iberraouin* يبراوين.

B R K'. A'chacha : *aberkan* ابركان, être noir.

B. Menacer : *iberkan* يبركان, être noir.

2° **B R CH.** B. H'alima : *aberchan* ابرشان, noir ; Haraoua : *aberchan* ابرشان, poudre.

3° **B R X.** Haraoua et Ouarsenis : *aberχan* ابركان, noir.

---

1. Cf. sur cette racine, mon étude sur *Les noms des métaux et des couleurs en berbère.* Paris, 1895, in-8, XIV, § 1, p. 27-28.

B. Menacer : *aberẓan* ابركان, noir; *aberẓen* ابركن, être noir; *sberraẓen* سبركن, noircir.

B R'. Ouarsenis : *thabr'a* ثبغا, fraise, mûre; Haraoua : *thabr'a* ثبغا, mûre; A'chacha : *habr'a* هبغا, mûre; B. Menacer : *thabr'a* ثبغا, mûre.

B OU D'. B. Menacer : *thibouid'i* ثبويذى, pouliche, pl. *thibouid'aouin* ثبويذاوين.

2° OU D. B. H'alima : *thoudii* ثودى, pouliche, pl. *thiouadaouin* ثواداوين.

B OU CH. Ouarsenis : *thbouchth* ثبوشت, chouette.

T

T. Ouarsenis : *tou* تو, oublier; A'chacha : *ettou* اتو.

T OU R'[1]. A'chacha : *ettour'a* اتوغا, je suis; *ittour'* يتوغ, il y a; Ouarsenis : *itour'*, il y avait.

B. Menacer : *tour'* توغ, être, se trouver; *tour'ai* توغاى, je suis, pl. *tour'ith* توغيت.

TH

TH B R. Ouarsenis : *ithbirin* يثبيرين, pigeon (pl.).

2° D' B R. A'chacha : *ad'bir* اذبير, pigeon, pl. *id'biren* يذبيرن.

B. Menacer : *ad'bir* الذبير, pigeon, pl. *id'biren* يذبيرن, *thad'birth* ثذبيرت, colombe.

TH R. B. H'alima, Ouarsenis, A'chacha, Haraoua : *ithri* يثرى, étoile, pl. *ithran* يثران.

B. Menacer : *ithri* يثرى, pl. *ithran* يثران.

1. Cf. *Études sur les dialectes berbères*, p. 137.

DJ

DJ. Haraoua : *edj* اج, laisser; A'chacha : *edjou* اجو.
   B. Menacer : *edj* اج.
DJ TH. B. H'alima : *adjthi* اجى, haïk, pl. *idjthan* يجنان.

TCH

TCH. Ouarsenis : *etch* اج, manger; I-IX° f. *setcha* سجا,
   nourrir; B. H'alima et A'chacha : *etch* اج; Haraoua : *etch* اج, aor. *itchou* يجو.
   B. Menacer : *etch* اج; II° f. *metch* مج, être mangé.
2° CH. B. H'alima : *tettach* تناش, f. hab.
5° T. A'chacha : *tett* تت, f. hab.
   B. Menacer : *tett* تت, f. hab.
TCH L. B. H'alima : *atchil* اجبل, lait aigre; A'chacha :
   atchil اجبل, fromage.
2° T' CH. Haraoua : *at'chi* اطنى, lait caillé.

H'

H' Z OU. A'chacha : *ah'zaou* احزاو, enfant, pl. *ih'zaouen*
   يحزاون; *thah'zaout* تحزاوت, fille, pl. *ih'zaouint* يحزاوينت.
H' L CH. Haraoua : *mah'lachou* محلشو, malade.
2° H' L X. Ouarsenis : *ih'alliχ* يحلبك, être malade
   (aor.).
   B. Menacer : *ah'liχ* احلبك; être malade, f. h. *h'al-
   leχ* حلك; *tih'allaχ* نحلاك (pl.), maladies.

KH

KH (Ahaggar : *akh* ::, lait aigre).

2° R'. B. H'alima, A'chacha, Ouarsenis, Haraoua : *ar'i* اغى, lait, lait doux.

B. Menacer : *ar'i* اغى, lait.

KH B. B. H'alima, Haraoua, Ouarsenis : *akhbou* اخبو, trou, pl. *ikhouba* يخوبا.

B. Menacer : *akhbou* اخبو, pl. *ikhouba* يخوبا.

KH S. Haraoua et A'chacha : *ekhs* اخس, vouloir; B. H'alima : *ekhs* اخس, aor. *ikhsa* يخسا.

B. Menacer : *ekhs* اخس, aor. *ikhsa* يخسا.

KH S. Haraoua, B. H'alima, Ouarsenis : *thikhsi* ثخسى, brebis; A'chacha : *hikhsi* هخسى.

KH S. (Zénaga : *takhsa* تخسا, foie).

2° S. B. H'alima : *thasa* ثسا, foie; Ouarsenis : *essa* اسا; Haraoua : *thesa* ثسا, pl. *thisaouin* ثساوين.

KH S 1 (Zouaoua : *thakhsaith* ثخسايت, courge).

2° KH CH I. Ouarsenis : *thakhchaith* ثخشايث, citrouille.

KH N Z Z. (Zouaoua de l'O. Amizour : *akhenziz* اخنزيز, morve).

2° KH N CH CH. Haraoua : *akhenchouch* اخنشوش, nez.

KH N F CH. (Zouaoua : *akhenfouch* اخنفوش, bouche).

2° KH N CH F. Ouarsenis : *akhenchouf* اخنشوب, visage.

KH OU F : Haraoua : *khouf* خوب, aor. *ikhouf* يخوب, descendre.

2° H' OU F. A'chacha : *h'aouf* حوب, descendre.

B. Menacer : *h'aouf* حوب, tomber.

D

D D. B. H'alima : *dadda* ددا, aïeul.
D D. Ouarsenis : *eddou* ودو, marcher.

D'

D'. (Chaouia : *ioud'an* بودان, gens).

  2° D. A'chacha, B. H'alima : *midden* مدن, gens.

    B. Menacer : *midden* مدن.

D' R. (Zouaoua : *sid'er* سيندر, faire vivre).

  2° D R. Ouarsenis : *der* در, vivre, aor. *idder* يدر ; B.
    H'alima : *thadarth* ثدارت, maison, pl. *thoudrin* ثودرين ;
    Haraoua : *thaddarth* ثدارت, maison, pl. *thiddar* ثيدار.

    B. Menacer : *edder* ادر, aor. *iddour* يدور, se tenir ;
    thaddarth ثدارت, maison.

D' R R. Ouarsenis, Haraoua, A'chacha : *ad'rar* اذرار,
  montagne, pl. *id'raren* يذرارن ; B. H'alima : *ad'rar*
  اذرار, pl. *id'ourar* يذورار.

    B. Menacer : *ad'rar* اذرار, montagne, pl. *id'ourar*
    يذورار.

D' R S. A'chacha : *d'erous* ذروس, peu.

D' R R' L. Ouarsenis et B. H'alima : *ad'err'al* اذرغال,
  aveugle, pl. *id'erra'len* يذرغالن.

    B. Menacer : *ad'err'al* اذرغال, aveugle, pl. *id'err'a-
    len* يذرغالن.

  2° D R R' L. B. H'alima : *aderr'al* ادرغال, aveugle.

D' R' R'. Ouarsenis : *ad'r'ar'* اذغاغ, pierre.

    B. Menacer : *ad'r'ar'* اذغاغ, pierre.

D' F. A'chacha : *ad'ef* اذب, entrer ; 1ʳᵉ f. *soud'ef* سوذب,
  introduire ; B. H'alima : *ad'ef* اذب, aor. *ioud'ef*
  يوذب ; Haraoua et Ouarsenis : *ad'ef* اذب, aor. *iou-
  d'ef* يوذب ; 1ʳᵉ f. *sid'ef* سيذب, introduire.

    B. Menacer : *ad'ef* اذب, entrer, aor. *ioud'ef* يوذب,
    thoud'ef ثوذب, entrée.

D' K. (Zouaoua : *thid'ekth* ثذكت, lentisque).

5° D' S. Haraoua, Ouarsenis, B. H'alima, A'chacha : *thadist* ﻧﺪﻳﺴﺖ, lentisque.

D'K L. (Zouaoua : *d'oukel* ﻧﻮﻛﻞ, être joint).

2° D K L. A'chacha : *mdoukel* ﻣﺪﻭﻛﻞ, s'associer; Haraoua et A'chacha : *amdoukel* ﺍﻣﺪﻭﻛﻞ, ami, pl. *imeddoukal* ﻳﻤﺪﻭﻛﺎﻝ; B. H'alima et Ouarsenis : *ameddakoul* ﺍﻣﺪﻛﻮﻝ, ami, pl. *imeddoukal* ﻳﻤﺪﻭﻛﺎﻝ.

B. Menacer : *mdoukoul* ﻣﺪﻭﻛﻮﻝ, s'associer, se joindre, *ameddoukel* ﺍﻣﺪﻭﻛﻞ, pl. *imeddoukal* ﻳﻤﺪﻭﻛﺎﻝ, ami.

D' M. Ouarsenis : *id'amen* ﻳﺬﺍﻣﻦ, sang; Haraoua : *id'ammen* ﻳﺬﺍﻣﻦ.

B. Menacer : *id'amen* ﻳﺬﺍﻣﻦ, sang.

D' M R. Ouarsenis : *sid'mer* ﺳﻴﺬﻣﺮ, parler.

2° D M R. Haraoua : *sedmer* ﺳﺪﻣﺮ, parler.

D' M R. A'chacha : *ad'mar* ﺍﺫﻣﺮ, poitrine, pl. *id'maren* ﻳﺬﻣﺎﺭﻥ; Haraoua : *id'maren* ﻳﺬﻣﺎﺭﻥ.

B. Menacer : *ad'mar* ﺍﺫﻣﺮ, poitrine, pl. *id'maren* ﻳﺬﻣﺎﺭﻥ.

3° DH M R. B. H'alima : *idhmaren* ﻳﻀﻤﺎﺭﻥ, poitrine.

D' M M. Ouarsenis : *ad'mem* ﺍﺫﻣﻢ, aubépine; Haraoua : *ad'mam* ﺍﺫﻧﺎﻡ, aubépine.

B. Menacer : *ad'mem* ﺍﺫﻣﻢ, genêt du Sahara.

D' OU F. Ouarsenis et Haraoua : *thad'ouft* ﻧﺬﻭﻳﺖ, laine; A'chacha : *ad'ouft* ﺍﺫﻭﻳﺖ, laine.

B. Menacer : *thad'ouft* ﻧﺬﻭﻳﺖ.

2° DH OU F. B. H'alima : *thadhouft* ﻧﻀﻨﻮﻳﺖ, laine.

D' I. Haraoua : *thid'i* ﻧﻴﺬﻯ, sueur.

R

R. Ouarsenis : *er* ﺭ, aor. *ira* ﻳﺮﺍ, aimer, vouloir.

R. B. H'alima, A'chacha, Ouarsenis, Haraoua : *ari* ارى, alfa.

R. A'chacha, Haraoua, Ouarsenis : *ari* ارى, écrire ; B. H'alima : *ari* ارى, III° f. pass. *touari* توارى.

   B. Menacer : *ari* ارى, IV° f. *tsouri* تورى.

R D'. (B. Menacer : *ird'* يرذ, revêtir ; *arrad'* اراذ, vêtements).

   2° R D. Ouarsenis : *ired* يرد, s'habiller.

   B. Menacer : *ired* يرد, revêtir ; *arrad* اراد et *arouad* ارواد, vêtements.

   3° R DH. B. H'alima : *aroudh* اروض, vêtements.

R D'. Haraoua, B. H'alima, Ouarsenis, A'chacha : *ird'en* يرذن, blé.

   B. Menacer : *iard'en* يرذن.

R D'. B. H'alima : *sired'* سيرذ, laver.

   2° R D. Ouarsenis : *sired* سيرد, laver, aor. *isirid* يسيريد.

   B. Menacer : *sarad* سراد, laver, aor. *isird* يسيرد.

R R. Ouarsenis, A'chacha : *ourar* وورار, jouer.

   B. Menacer : *ourar* وورار, jeu.

R Z. A'chacha : *erz* ارز, brisé, aor. *iaroz* يرز.

   B. Menacer : *erz* ارز, être brisé, aor. *ierzou* يرزو.

R Z Z . B. H'alima : *arziz* ارزيز, sauterelle.

   2° R J J. B. Menacer : *arjouj* ارزوز, cigale, pl. *irjaj* يرزاز.

R Z J. (Zouaoua : *erzay* ارزاگ, être amer).

   2° R Z I. Haraoua : *irzai* يرزاى, amer ; Ouarsenis : *amerzaioun* امرزايون, amertume.

R Z M. A'chacha, Haraoua, Ouarsenis, B. H'alima : *arzem* ارزم, ouvrir.

   B. Menacer : *erzem* ارزم, ouvrir.

R S. B. H'alima, Ouarsenis, Haraoua : *ers* ارس, descendre ; 1re f. *sers* سرس, placer.

B. Menacer : *ers* ارس, aor. *irsa* يرسا et *irsou* يرسو;
Ire f. *sers* سرس.

R DH L. Ouarsenis : *erdhel* ارضل, prêter.

2° R D' L. A'chacha : *erd'el* ارذل, prêter.

R R'. (Zouaoua : *err'* ارغ, brûler).

3° R'. A'chacha : *sar'* ساغ, allumer.

B. Menacer : *sir'* سيغ.

5° R J. B. H'alima : *irij* يريز, braise; Haraoua : *thir-jin* ثرزين, charbons.

B. Menacer : *thirjin* ثرزين.

R K. (Zouaoua : *tharikth* ثاريكث, selle).

3° R CH. B. H'alima : *thirichin* ثريشين, selles.

4° R I. B. H'alima : *therits* ثريت, selle.

R K S. (B. Menacer : *arkas* اركاس, chaussure, pl. *irkasen* يركاسن; dim. *tharkast* ثركاست, pl. *tharkasin* ثركاسين).

3° R CH S. B. H'alima : *archas* ارشاس, semelles attachées au pied, pl. *irchasen* يرشاسن.

R G. (Zouaoua : *tharga* ثرگا, canal, pl. *thirgoua* ثرگوا).

2° R I. B. H'alima : *tharia* ثريا, canal; A chacha : *aria* اريا, pl. *iriad'in* يرياذين.

B. Menacer : *tharia* ثريا, ruisseau, pl. *thiriouin* ثريوين.

3° R J. Haraoua : *tharja* ثرزا, canal d'arrosage, pl. *thirijiouin* ثرزيوين.

R G Z. (Zouaoua : *argaz* ارگاز, homme, pl. *irgazen* يرگازن).

2° R I Z. B. H'alima, A'chacha, Haraoua, Ouarsenis : *ariaz* ارياز, homme, pl. *iriazen* يريازن.

B. Menacer : *ariaz* ارياز, pl. *iriazen* يريازن.

R G G. (Zouaoua : *ergigi* ارگيگي, trembler).

3° R Z S. Ouarsenis : *thaierzist* ثايرزيست, lièvre.

B. Menacer : *thaierzist* ثيرزيست, *haierzist* هايرزيست

et *aierzist* ايرزيست. pl. *thiarzas* ثيرزاس, lièvre.

4° R Z Z. Ouarsenis : *thaierzizt* ثيرزيزت, lièvre.

R M M. B. H'alima : *aremmou* ارمو, herbe.

R N. A'chacha : *erni* ارني, accroître.

B. Menacer : *ernou* ارنو, ajouter.

R N. A'chacha : *aren* ارن, farine.

R OU S. B. H'alima : *arous* اروس, poulain, pl. *irousan* يروسان.

B. Menacer : *arous* اروس.

R OU L. B. H'alima, A'chacha, Ouarsenis : *erouel* ارول, fuir, s'enfuir, aor. *irouel* يرول.

B. Menacer : *erouel* ارول, Iʳᵉ f. *serouel* سرول; *taroula* ترولا, fuite.

R OU I. B. H'alima : *aroui* اروى, porc-épic; Ouarsenis : *tharoui* ثروى; Haraoua : *aroui* اروى, pl. *arouian* اروين; B. Menacer : *aroui* اروى, pl. *arouiin* اروكان.

Z

Z. B. H'alima : *thizith* ثزيت, genêt épineux.

Z DJ R. Ouarsenis : *azedjir* ازجير, gale.

Z D. Haraoua : *azed* ازد, aor. *iouzed* يوزد, jeter, lâcher.

Z R. (B. Menacer : *zar* زار, précéder).

3° Z OU R. Haraoua : *amzouarou* امزوارو, premier; Ouarsenis : *amzouar* امزوار.

B. Menacer : *mzour* مزور, aor. *imzoura* يمزورا, être le premier.

Z R. Ouarsenis, Haraoua, B. H'alima : *azerou* ازرو, rocher, pl. *izera* يزرا.

9

B. Menacer : *azerou* ازرو, rocher, pl. *izerouan* يزروان.

Z R. Ouarsenis : *thaziri* زيري, lune ; Haraoua : *thaziri* زيري, clair de lune.

B. Menacer : *taziri* زيري, lune.

Z R. Haraoua, B. H'alima : *thazarth* زارث, figuier ; A'chacha : *hazarth* هزارث, figue.

Z R. B. H'alima : *azouar* ازوار, pl. *izouran* يزوران, racines ; Haraoua : *azouar* ازوار, pl. *izouran* يزوران, racine, œillet.

B. Menacer : *azar* ازار, pl. *izouran* يزوران, racines.

Z R. A'chacha : *izourin* يزورين (pl.), raisins ; B. H'alima : *thizaourin* زاورين ; Haraoua : *thizourin* زورين.

B. Menacer : *thizourin* زورين, vignes.

Z R. Ouarsenis : *zer* زر, voir, aor. *izeri* يزري et *izerou* يزرو ; Haraoua : *zer* زر, aor. *izera* يزرا ; B. H'alima : *zer* زر, aor. *iazer* يزر.

B. Menacer : *zer* زر, aor. *izera* يزرا et *izerou* يزرو.

Z R F. Ouarsenis : *azerf* ازرب, argent.

B. Menacer : *azerf* ازرب.

Z R M. (Zouaoua ; *azrem* ازرم, serpent, pl. *izerman* يزرمان).

3° Z R M M. Ouarsenis : *thazermoumith* زرموميث, lézard.

B. Menacer : *thazermoumith* زرموميث, pl. *thizer-moumiin* زرمومين.

Z R N. B. H'alima : *tizarnin* زرنين, midi.

Z Z. B. H'alima, Ouarsenis, Haraoua : *azezzou* اززو, genêt épineux.

B. Menacer : *azezzou* اززو.

Z J. B. H'alima : *zij* زيج, piquet de tente, pl. *izajen* يزاجن.

Z R'. (B. Menacer : *thizer'ouin* زغوين, maison).

2° Z K'. Haraoua : *thazek'k'a* زكّا et *azek'k'a* ازكّا, maison.

B. Menacer : *thazek'k'a* زكّا et *zek'k'a* زكّا, maison.

Z K' R. Haraoua : *azek'k'our* ازكّور, rocher.

Z K. (Zouaoua : *zik* زيك, de bonne heure).

2° Z X. A'chacha : *zix* زيك, de bonne heure; Haraoua : *ezzix* ازيك.

B. Menacer : *zix* زيك.

5° I TCH. B. H'alima, Ouarsenis, Haraoua : *aitcha* ايجا, demain.

B. Menacer : *aitcha* ايجا.

Z G. (Zouaoua : *zeg* زڭ, traire).

4° Z I. Ouarsenis : *azzi* ازى, traire.

Z G. Ouarsenis : *thezgi* زڭى, forêt; Haraoua : *thizgi* زڭى.

2° Z I. B. H'alima : *thizii* زى, forêt.

Z G D. (Bot'ioua : *tazougda* زوڭدا, plat).

2° Z I OU. B. H'alima et Ouarsenis : *zioua* زيوا, plat.

B. Menacer : *thezioua* زيوا, grand plat.

Z G R. B. H'alima : *azger* ازڭر, bœuf.

Z G R R. (Ouargla : *azigrar* ازيڭرار, long).

3° Z I R R. Haraoua, B. H'alima, Ouarsenis : *azrar* ازرار, long.

B. Menacer : *azirar* ازرار, pl. *iziraren* يزيرارن.

Z G Z. (Zouaoua : *azigzaou* ازيڭزاو, bleu, vert).

2° Z I Z. A'chacha, Haraoua, B. H'alima, Ouarsenis : *aziza* ازيزا, pl. *izizaoun* يزيزاون, bleu, vert; B. H'alima : *aziza* ازيزا, pl. *izizaoun* يزيزاون, pigeon.

B. Menacer : *aziza* ازيزا.

Z G L. (Zouaoua : *azaglou* ازكلو, joug).

  2° Z I L. Ouarsenis : *zailou* زيلو, joug.

    B. Menacer : *zailou* زيلو.

Z L. A'chacha et B. H'alima : *azzel* ازل, courir, se hâter; Ouarsenis : *azzel* ازل, V° f. *tazzel* تازل; Haraoua : *azzel* ازل, aor. *iouzzel* يوزل.

    B. Menacer : *azzel* ازل, courir; V° f. *tazzel* تازل;
V-VII° f. *tazal* زال, couler en abondance;
II-I°ᵉ f. *msazzal* مسزال, se défier à la course;
izzel يزل, course.

Z L'. B. H'alima, A'chacha : *ouzzal* وزال, fer; Ouarsenis
et Haraoua : *ouzzel* وزل.

    B. Menacer : *ouzzel* وزل, fer; *thazoult* زولت, ko-
h'eul.

Z L B. Haraoua : *izelba* زلبا, guêpes.

Z M R. B. H'alima, Haraoua, Ouarsenis : *azemmour*
ازمور, olivier sauvage, pl. *izemmouren* يزمورن; dimin., B. H'alima, Ouarsenis : *thazemmourth*
زمورث.

    B. Menacer : *azemmour* ازمور.

Z M R. A'chacha : *azmer* ازمر, poulain; B. H'alima et
Haraoua : *izmer* يزمر, agneau, pl. *izmaren* يزمارن.

    B. Menacer : *izmer* يزمر, agneau, pl. *izmaren*
يزمارن.

Z M R. A'chacha : *ezmir* ازمير, être malade.

Z N. Haraoua : *azen* ازن, envoyer.

    B. Menacer : *azen* ازن, aor. *iousen* يوزن, envoyer.

Z OU. Ouarsenis : *ezoua* ازوا, s'en aller.

---

1. Cf., pour cette racine, *Les noms des métaux et des couleurs en berbère*,
§ III, p. 10-11.

Z OU. (Mzab : *azaou* ازاو, cheveu).

3° Z F. B. H'alima : *zaf* زاب, cheveu.

Z OU. Ouarsenis : *ezou* ازو, couper, aor. *izoua* ازوا.

Z OU R''. (Bougie : *ezouer'* ازوغ, être rouge).

2° Z G R'. A'chacha : *azouggar'* ازوكّغ, rouge.

3° Z G R. Ouarsenis et B. H'alima : *azouggar* ازوكّار ;
Haraoua : *azouggouar* ازوكّوار ; B. H'alima : *thazouggarth* زوكّارث, jujubier sauvage ; Ouarsenis :
thazouggorth زوكّرث ; Haraoua : *thazouggouarth*
زوكّوارث, pl. *thizour'in* زوغين.

B. Menacer : *azouggar* ازوكّار, rouge ; *thazouggarth*
زوكّارث, jujubier sauvage.

Z I. Haraoua : *ezzi* ازى, aboyer ; f. hab. *tezzi* زى.

Z N. B. H'alima : *zizen* زرن (I⁰ f.), chauffer ; *azizan*
ازران, chaud.

B. Menacer : *zizen* زرن, se chauffer.

J

J. Haraoua : *ajja* اژا, pièce d'eau.

J H' M M. (Zouaoua : *ajah'moum* اژحوم, merle).

2° DJ H' M M. Haraoua : *thadjah'mount* نجحموت,
merle.

B. Menacer : *adjah'moum* اجحموم, merle, pl. *idjah'-
mam* يجحمام.

J D'. B. H'alima : *ijed'i* يزذى, sable.

2° J D. A'chacha : *ijedi* يزدى, sable.

J R' L L. Ouarsenis : *ajour'lal* اژوغلل, escargot.

J M N. Haraoua : *ijiman* يزمان, crâne.

1. Cf. *Les noms des métaux et des couleurs en berbère*, § IX, p. 18-22.

J OU N. (Ouargla : *ijiouen* يزيون, rassasié).

   3° DJ OU N. Ouarsenis : *idjiouan* يجيوان, rassasié ;
A'chacha : *edjiouna* (1re p. aor.) اجيونا, je suis rassasié.

   4° J N OU N. B. H'alima : *ijennouan* يزنوان, rassasié.

<h2 style="text-align:center">S</h2>

S. B. H'alima : *thisith* نسيت, miroir.

   B. Menacer : *thisith* نسيت, glace.

   3° CH. Ouarsenis : *thichith* نشيت, verre.

S. A'chacha, Haraoua, B. H'alima : *as d* اس د, venir,
aor. *iouse d* وسد.

   B. Menacer : *as d* اس د, venir, f. h. *tas* ناس.

S D' N. Ouarsenis : *thisid'nan* نسدنان, femmes (pl.) ; A'chacha : *ised'nan* يسدنان.

   2° S D N. B. H'alima, Haraoua : *thisednan* نسدنان,
femmes.

   B. Menacer : *thisednan* نسدنان.

S R. B. H'alima : *thasirth* نسيرت, pl. *thisar* نسار, dents
molaires, moulin ; Ouarsenis et B. H'alima : *thasirth* نسيرت, pl. *thisira* نسيرا, dents molaires.

S R D' N. A'chacha : *aserd'oun* اسردون, mulet, pl. *iser-
d'ounen* يسردون ; B. H'alima, Ouarsenis, Haraoua :
aserd'oun اسردون, mulet, pl. *iserd'an* يسردان ; B. H'a-
lima : *thaserd'ount* نسردونت, mule ; A'chacha :
aserd'ount اسردونت, mule, pl. *iserd'ant* يسردانت.

   2° S R D N. Haraoua : *thaserdount* نسردونت, mule, pl.
thiserdan نسردان.

S R F. B. H'alima : *thaserafth* نسرافت, silo, pl. *thiserfi*

نسربی ; Haraoua : *thaseraft* نسرابت, pl. *thiserfin*
نسربين ; A'chacha : *aserafth* اسرابت.

B. Menacer : *thesrafth* نسرابت, caverne, antre, et
hasrafth هسرابت, grotte ; *thaserift* نسريعت, silo.

S S. Ouarsenis, A'chacha, Haraoua, B. H'alima : *ass*
اس, jour, pl. *oussan* وسان.

B. Menacer : *ass* اس, *oussan* وسان.

S S M. B. H'alima, A'chacha : *sousem* سوسم, se taire.

S S N. B. H'alima, Haraoua : *sasnou* سسنو, arbousier.

B. Menacer : *sasnou* سسنو, arbouse, pl. *isisna* يسيسنا.

S S N. B. H'alima : *sasen* ساسن, interroger. Cf. B. Menacer : *sesten* سستن, interroger.

S DH. (Zouaoua : *thisedhoua* نسضوا, queues, branches).

3° S D. Haraoua : *thisedouin* نسدوين, buissons (pl.).

4° S T. Ouarsenis : *thasetta* نستا, buisson.

S DH L. (Zouaoua : *tsedhila* تسضيلا, action de raser).

2° S T L. Ouarsenis : *set'l'el* سطل, raser.

S R'. Ouarsenis : *isr'i* يسغي, aigle ; *thiisr'i* تيسغي, vautour ;
Haraoua : *isr'i* يسغي, aigle, pl. *isr'iaouen* يسغياون.

S R' D. Ouarsenis : *sar'ad* سغد, écouter.

S R' R. Haraoua : *asr'ar* اسغار, charrue, pl. *isr'araouen*
يسغاراون ; Ouarsenis : *asr'ar* اسغار, bois ; B. H'alima :
asr'er اسغر, bois de la charrue, pl. *iser'ran* يسغران.

S F. B. H'alima : *thasafth* نسابت, arbre ; A'chacha :
asafth اسابت, vigne.

S K. (Zénaga : *teska* كسكـ, corne).

2° CH CH. B. H'alima : *ichch* يش, corne, pl. *ichcha-*
oun يشاون ; Ouarsenis : *ichch* يش, corne, pl. *achcha-*
oun اشاون.

B. Menacer : *ichch* يش, corne, pl. *ichchaouen*
واشيون et *ouachchioun* يشاون.

3° K CH. Haraoua : *kiichchou* كيشو, corne, pl. *ikich-chouan* يكيشوان.

S K. Ouarsenis : *askiou* اسكيو, nègre, pl. *iskioun* يسكيون ;
Haraoua : *asekkiou* اسكيو, nègre, noir ; A'chacha :
askiou اسكيو, nègre, pl. *askaouen* اسكاون ; A'chacha :
askiouth اسكيوت, négresse, pl. *iskiouint* يسكيوينت.

B. Menacer : *askiou* اسكيو, noir, nègre, pl. *iskouan* يسكوان.

S K R. A'chacha : *asekkourth* اسكورت, perdrix, pl. *ise-kran* يسكران ; Ouarsenis et Haraoua : *thasekkourth* نسكورت ; B. H'alima : *askour* اسكور ; f. *thaskourth* نسكورت.

B. Menacer : *thasekkourth* نسكورت, perdrix.

2° CH K R. Ouarsenis : *thichkirin* نشكرين (pl.).

3° S X R. Haraoua : *thisixrin* نسكرين (pl.).

S K R. (Bougie : *thiskerth* نسكرت, ail).

2° CH CH R. Ouarsenis : *thichcherth* نثرت, ail.

B. Menacer : *thichcherth* نثرت, ail.

S K R. (Chelh'a : *askar* اسكار, griffe, ongle).

2° CH CH R. B. H'alima et Haraoua : *achcher* اشر,
ongle, pl. *achcharen* اشارن ; B. H'alima : *ichcher*
بشر, pl. *ichcharen* بشارن ; Ouarsenis : *ichcharen*
بشارن (pl.).

B. Menacer : *ichcher* يشر, ongle, pl. *ichcharen*
بشارن.

S K S. (Zouaoua : *seksou* سكسو, kouskous).

2° S I S. B. H'alima : *sisou* سيسو, kouskous.

3° S T. Ouarsenis : *thistou* نستو, kouskous.

S K M. Haraoua : *asekkoum* اسكوم, asperge, pl. *isekkou-men* يسكومن ; Ouarsenis : *thasekkoumt* نسكومت.

S K N. (Zouaoua : *seken* سكن, montrer).

2° S TCH N. B. H'alima : *setchen* سجن, montrer.

S G R S. (Zouaoua : *asegres* اسگرس, musette).

2° S I R S. B. H'alima : *asires* اسيرس, pl. *isiras* يسيراس, musette.

S G S. Ouarsenis et B. H'alima : *asouggas* اسوكّاس, année ; Haraoua et A'chacha : *asouggouas* اسوكّواس, année, pl. *isouggouasen* يسوكّواسن.

B. Menacer : *aseggouas* اسكّواس et *asouggouas* اسوكّواس, année.

S G N. (Zouaoua : *thisignith* ثسكّنيث, aiguille).

6° S N F. A'chacha : *isineft* يسينفت, aiguille, pl. *isin-fathen* يسينفاثن ; Ouarsenis : *thisineft* ثسينفت, aiguille.

S L. A'chacha : *asel* اسل, écouter, entendre ; Haraoua : *sel* سل.

B. Menacer : *sel* سل, entendre.

S L. Ouarsenis : *asli* اسلي, fiancé, pl. *isliaouin* يسلياوين ; B. H'alima : *isli* يسلي ; Ouarsenis, B. H'alima : *thas-lith* ثسليت, fiancée ; A'chacha : *aslith* اسليت, fiancée, pl. *islain* يسلاين.

B. Menacer : *asli* اسلي, fiancé, pl. *islaien* يسلاين ; *thaslith* ثسليت, fiancée, pl. *thislain* ثسلاين.

S L B. Haraoua : *aselbou* اسلبو, jonc ; A'chacha : *aselbou* اسلبو, diss.

S L L. Ouarsenis : *thasellout* ثسلوت, vermine.

S L M. Haraoua : *aslem* اسلم, poisson, pl. *iselman* يسلمان ; Ouarsenis et A'chacha : *iselmen* يسلمن (pl.).

B. Menacer : *aselmam* اسلمام, anguille, pl. *iselma-men* يسلمامن.

S M DH. (B. Menacer : *asommidh* اسمّض, froid).

2° S M D'. B. H'alima : *asoumid'* اسومذ ; A'chacha : *asoummed'* اسومّذ, froid.

3° S M D. Ouarsenis : *asommid* اسمید, froid.

B. Menacer : *asmed* اسمد, être froid.

S M G[1]. (Chelh'a : *ismeg* یسمک, nègre).

5° S M J. B. H'alima : *ismej* یسمج, nègre, pl. *isemjan* یسمجان.

S M M. Ouarsenis et A'chacha : *asemmam* اسمام, aigre.

S N. Haraoua : *assen* اسن, dos, pl. *issenin* یسنین.

S N N. Ouarsenis : *asennan* اسنان, épine, pl. *isennan* یسنان.

B. Menacer : *asennan* اسنان, épine, pl. *isennanen* یسنان.

S N. A'chacha, B. H'alima, Ouarsenis : *essin* اسین, savoir ; Haraoua : *sen* سن.

B. Menacer : *essin* اسین, aor. *issin* یسین, savoir.

S OU. A'chacha, B. H'alima : *esou* اسو, boire ; Haraoua : *sou* سو ; Ouarsenis : *sou* سو, boire ; I-X° forme *sesoui* سسوی, faire boire, abreuver, teindre.

B. Menacer : *asou* اسو, boire, Ire f. *essaou* اساو, abreuver ; n. d'act. *thisoui* تسوی, action de boire.

S OU N. B. H'alima : *asoun* اسون, pl. *isounan* یسونان, douar ; Ouarsenis : *asoun* اسون, douar.

S OU N. (Zouaoua : *asiouan* اسیوان, milan).

2° OU N. Haraoua : *thiouant* تیوانت, milan.

B. Menacer : *thiouant* تیوانت.

CH

CH R. Ouarsenis : *thachirth* تشیرت, arbre, chêne (arabe شجرة ? ou latin *quercus* ?).

CH R D'. B. H'alima : *achourid'* اشورید, enfant, pl. *ichou-*

---

1. Cf. *Les noms des métaux et des couleurs en berbère*, § xiv, p. 30-31.

rid'en يشوريذن ; fém. *thachourid'et* نشوريذت, fille, pl.
thichourid'en نشوريذن.

2° CH R. B. H'alima : *thachourith* نشوريت, jeune fille.

CH CH. B. H'alima : *ichouchou* يشوشو, vautour, pl. *ichouchouen* يشوشون.

CH DH F. B. H'alima : *achdhif* اشضيف, tapis, pl. *ichdhi-
fen* يشضيفن.

CH M S. Ouarsenis : *ichemas* يشماس, mauvais.

CH N N. Haraoua : *chinin* شنين, lait aigre.

DH

DH. (Zouaoua : *adhou* اضنو, vent).

　　B. H'alima, Ouarsenis, A'chacha : *ad'ou* اذو, vent ;
　　Haraoua : *ad'ou* اذو, pl. *ad'outhen* اذوثن.
　　B. Menacer : *ad'ou* اذو, vent.

DH. (Zénaga : *toudh* توض, œil).

　　2° T. Haraoua, Ouarsenis, B. H'alima : *thit'* ثيط, pl.
　　thit'aouin ثيطاوين.

DH R. Ouarsenis, Haraoua : *dhar* ضار, pied, pl. *idharen*
　　يضارن.
　　B. Menacer : *dhar* ضار, pl. *idharen* يضارن.

　　2° D'R. B. H'alima : *d'ar* ذار, pied, pl. *id'aren* يذارن ;
　　A'chacha : *id'ar* يذار, pl. *id'aren* يذارن.

DH S. Ouarsenis : *idhes* يضس, sommeil.
　　B. Menacer : *idhes* يضس.

　　2° T' S. Ouarsenis, Haraoua : *et't'es* اطس, dormir ;
　　B. H'alima : *et't'as* اطاس; Ouarsenis : *at't'as* اطاس,
　　sommeil.
　　B. Menacer : *et't'es* اطس, dormir.

DH S. Ouarsenis : *idhes* يضنس, rire, aor. *idhsou* يضنسو;
  A'chacha : Vᵉ f. *tadhes* تاضنس.
  B. Menacer : *edhs* اضنس, aor. *idhsou* يضنسو.

DH DH. B. H'alima : *dhadh* ضاض, doigt, pl. *idhoudhan* يضضوضان.

  2° DH D. Haraoua : *dhad* ضاد, doigt, pl. *idhoudan* يضضودان.

  3° DH D'. Ouarsenis : *dhad'* ضاذ, pl. *idhoud'an* يضضوذان.
    B. Menacer : *dhad'* ضاذ, doigt, pl. *idhoud'an* يضضوذان.

  4° DH. A'chacha : *adh* اض, doigt, pl. *idhan* يضان.

DH OU. (Taïtoq : *edhoui* ⪦:Ǝ, gerboise).

  2° D OU. B. H'alima : *idoui* يدوى, gerboise, pl. *thadouiin* ثدويين.

T'

T' S. (Zouaoua : *at'as* اطلس, beaucoup).
  2° Haraoua et Ouarsenis : *aiet'a* ايطا, beaucoup.

T' F. Haraoua, A'chacha, B. H'alima : *et't'ef* اطب, prendre, saisir, aor. *it't'ef* يطب.
  B. H'alima : *et't'ef* اطب, prendre, saisir.

Â

Â B DH (Zouaoua : *thiabboudhin* تعبوضنين).
Â B T'. Haraoua : *taabbout'* تعبوط, nombril.
  B. Menacer : *abbout'* عبوط, ventre.
  Ouarsenis : *thahanbout* ثهنبوت, nombril.

Â D S. Haraoua et B. H'alima : *aaddis* اعديس, ventre, pl. *iaddisan* يعديسان; Ouarsenis : *aaddist* اعديست, ventre.
  B. Menacer : *aaddis* اعديس.

R'

R'. B. H'alima, Ouarsenis : *ar'* اغ, aor. *iour'* يوغ, prendre, accepter, acheter.

    B. Menacer : *ar'* اغ, faire, placer, établir, prendre, acheter, s'emparer de, épouser, aor. *ir'i* يغى et *iour'a* يوغا.

  2° S R'. Haraoua : *ser'* سغ, acheter ; A'chacha : *asr'i* اسغى, acheter.

R'. B. H'alima : *thr'at* نغات, chèvre, pl. *thir'attin* نغاتين ; A'chacha : *r'at'* غاط, chèvre, pl. *ir'at't'en* يغاطن ; Ouarsenis et Haraoua : *thr'at'* نغاط, chèvre, pl. *thir'at't'in* نغاطين.

    B. Menacer : *thr'at* نغات, *r'at* غات, chèvre, pl. *tir'atten* نغاتن.

R' B B. (Zouaoua : *ar'boub* اغبوب, bec).

  2° R' N B B. Ouarsenis : *ar'enboub* اغنبوب, bec.

    B. Menacer : *ar'enboub* اغنبوب, bec, pl. *ir'enbab* يغنباب.

R' D S. A'chacha : *ar'eddis* اغديس, dos, pl. *ir'eddasen* يغداسن.

R' D'. Ouarsenis : *ir'ed'* يغذ, cendre.

  2° R' D. B. H'alima : *ir'ed* يغد, cendre.

R' D'. Ouarsenis : *ir'id'* يغيذ, chevreau ; A'chacha : *ar'id'* اغيذ, pl. *ir'aid'in* يغيذين.

  2° R' D. B. H'alima : *ir'id* يغيد, pl. *ir'aiden* يغيدن.

R' D. (Zouaoua : *thar'arth* نغارت, sécheresse).

  2° K' R. Ouarsenis : *iak'k'or* يغر, dur, sec.

    B. Menacer : *ek'k'our* اغور, être sec.

R' R D'. B. H'alima, Ouarsenis, A'chacha, Haraoua : *ar'erd'a* اغرذا, rat, souris, pl. *ir'erd'ain* يغرذاين.

B. Menacer : *ar'erd'a* اغردا, pl. *ir'erd'ain* يغرذاين.

R' R D' M. B. H'alima : *thir'erd'amt* نغرذمت, scorpion ;
Ouarsenis : *thar'erd'imth* نغرذمث, pl. scorpion ;
Haraoua : *thar'erd'amt* نغرذمت, pl. *thir'erd'maouin*
نغرذماوين ; A'chacha : *ir'erd'amt* يغرذامت, scorpion,
pl. *ir'erd'amin* يغرذامين.

B. Menacer : *r'erd'am* غرذام, scorpion, pl. *ir'er-
d'ouamin* يغرذوامين.

R' R S. Ouarsenis : *ar'res* اغرس, égorger ; B. H'alima :
er'res اغرس ; A'chacha : *r'eres* غرس ; Haraoua :
r'ers غرس ; IIIe f. pass. *touar'ers* تواغرس.

B. Menacer : *r'ers* غرس, aor. *ir'res* ; m. d'act.
ter'arist تغارست, victime, sacrifice.

R' R S. Ouarsenis : *ar'ras* اغراس, ruche.

B. Menacer : *ar'eras* اغراس.

R' R DH. (Zouaoua : *thir'erdhin* نغرضين, os de l'épaule).
4° R' R D'. B. H'alima et Haraoua : *thir'ard'in* نغرذين,
épaules.

R' R M. B. H'alima, Haraoua, Ouarsenis : *ar'eroum*
اغروم, pain.

B. Menacer : *ar'eroum* اغروم, pain.

R' Z R. A'chacha, Haraoua, Ouarsenis, *ir'zar* يغرار, rivière, pl. *ir'ezran* يغزران ; B. H'alima : *ir'zer* يغزر,
pl. *ir'zeran* يغزران.

B. Menacer : *ir'zer* يغزر ; fleuve, pl. *ir'ezran* et
ir'zeran يغزران.

R' S. Ouarsenis, Haraoua : *ir'es* يغس, os, pl. *ir'esan* يغسان.

R' S D S. Haraoua : *ar'esdis* اغدسديس, côté, pl. *ir'esdisan*
يغديسان. Cf. A'chacha : *ar'eddis* اغديس, dos).

R' S M R. Haraoua : *ar'esmar* اغسمار, mâchoire, pl. *ir'esmaren* يغسمارن.

B. Menacer : *ar'esmar* اغسمار, pl. *ir'esmaren* يغسمارن.

R' CH B. Haraoua : *ar'chabou* اغشبو, ronce.

R' F. (Zouaoua : *ir'f* يعف, tête).

2° KH F. A'chacha, B. H'alima, Haraoua, Ouarsenis : *ikhf* يخف, tête, pl. *ikhfaouen* يخفاوون.

B. Menacer : *ikhf* يخف, tête, pl. *ikhfaouen* يخفاوون.

R'L. B. H'alima, Haraoua, Ouarsenis : *ar'il* اغيل, bras,
pl. *ir'allen* يغالن.

B. Menacer : *ar'li* اغلى, bras.

R' L. Haraoua : *ir'allen* يغالن (pl.), gerbes.

R' L. A'chacha : *ir'allen* يغالى (pl.), chevaux; Haraoua,
Ouarsenis : *thir'allin* تغالين, juments; A'chacha :
ir'allint يغالينت. juments; Haraoua, B. H'alima,
A'chacha, Ouarsenis : *ar'ioul* اغيول, âne, pl. *ir'ial*
يغيال ; A'chacha : *ar'ioult* اغيولت, ânesse, pl. *ir'ioulint* يغيولينت; B. H'alima : *thar'ioulth* تغيولت, pl.
thir'ial تغيال,

B. Menacer : *ar'ioul* اغيول; âne, pl. *ir'ial* يغيال, *tha-
r'ioult* تغيولت, ânesse.

R' L. (B. Menacer : *mour'li* موغلى, vue, regard).

2° K' L. B. H'alima, A'chacha : *ak'al* اقال. voir.

B. Menacer : *k'el* قل, aor. *ik'k'el* يقل, regarder,
chercher.

R' L S. B. H'alima, Ouarsenis, Haraoua, A'chacha :
ar'ilas اغيلاس, panthère, pl. *i'rilasen* يغيلاسن.

B. Menacer : *ar'ilas* اغيلاس, panthère, pl. *ir'ilasen*
يغيلاسن.

R' L CH. (B. Menacer : *thr'allach* تغلاش, brebis).

2° Â L CH. B. H'alima, Ouarsenis : *illouch* علوش;
mouton; A'chacha : *aillouch* اعلوش, bélier, pl.
iallouchen يعلوشن.

B. Menacer : *allouch* علوش, mouton.

R' L I. Haraoua : *r'li* غلى, être, se trouver, aor. *ir'li* يغلى.

R' M. B. H'alima, Ouarsenis : *thar'ma* ثغما, cuisse, pl. *thar'miouin* ثغميون.

R' M. (Taroudant : *r'am* غام, rester).

2° K' M. B. H'alima : *k'im* قيم, demeurer, rester.

B. Menacer : *ek'k'im* اقيم, se tenir, rester, demeurer.

R' M S. B. H'alima, Haraoua, Ouarsenis : *thir'mesth* ثغمست, dent incisive, pl. *thir'mas* ثغماس.

B. Menacer : *thir'mest* ثغمست, dent, et *hir'mest* هغمست, dent, pl. *thir'mas* ثغماس.

R' N. (B. Menacer : *asr'oun* اسغون, corde, pl. *isr'aoun* يسغاون).

2° K' N. A'chacha : *ak'k'en* اقن, fermer ; Ouarsenis, Haraoua : *ak'k'an* اقن, attacher, fermer.

B. Menacer : *k'en* قن, fermer, attacher.

R' N DJ. Ouarsenis : *ar'endja* اغجا, cuiller ; B. H'alima : *thar'endjaith* ثغنجايث, cuiller, pl. *thir'endjain* ثغنجاين.

B. Menacer : *ther'andjaith* ثغانجايت, pl. *thir'andjain* ثغانجاين, cuiller.

R' N M. B. H'alima : *ir'anem* يغانم, roseau ; Haraoua, Ouarsenis : *r'anim* غانيم, roseau, pl. *ir'animen* يغانيمن.

B. Menacer : *ar'alim* اغاليم, roseau, pl. *ir'alimen* يغاليمن.

F

F. B. H'alima : *af* اف, trouver ; Ouarsenis : *af* اف, trouver, aor. *ioufa* يوفا ; Haraoua : *af* اف, trouver, aor. *ioufi* يوفى.

B. Menacer : *af* اف, trouver, aor. *ioufa* يوفا.

F'. (Ahaggar : *afa* ·Ⅱ, lumière).

2° F OU. B. H'alima : *thafaouth* ثفاوث, lumière.

4° F OU I. A'chacha : *fouith* فويث, soleil ; Ouarsenis,

    B. H'alima : *thfouith* ثفويث, soleil.

    B. Menacer : *fouith* فويث, soleil.

5° F OU CH. Haraoua : *thfouchth* ثفوشث, soleil.

6° F OU X. Harakta : *fouik* فويك, soleil.

F D N. B. H'alima : *thifednin* ثفدنين, doigts de pied.

F D'. A'chacha, Ouarsenis : *foud'* فوذ, avoir soif, aor.
iffoud' يفوذ.

    B. Menacer : *foud'* فوذ, avoir soif.

2° F D. Ouarsenis : *foud* فود, aor. *iffoud* يفود.

F D'. B. H'alima, A'chacha : *foud'* فوذ, genou, pl. *ifad'en*
يفاذن ; Haraoua : *foud'* فوذ, genou, pl. *ifadden* يفادن ;

    B. H'alima : *foud'* فوذ, pl. *ifad'en* يفاذن, genou.

3° F DH. Ouarsenis : *foudh* فوض, genou, pl. *ifadhen*
يفاضن

F R. A'chacha : *effer* افر, cacher.

F R. Ouarsenis : *afrioui* افريوى, aile, pl. *ifriouin* يفريوين ;
Haraoua : *afer* افر, aile, pl. *ifriouen* يفريون ; A'chacha : *ifri* يفرى, aile, pl. *ifriouen* يفريون ; B. H'alima:
ifarouen يفرون (pl.), ailes.

    B. Menacer : *afer* افر, *afriou* افريو et *afri* افرى, pl.
afrioun افريون et *ifriouen* يفريون.

F R OU. A'chacha *afarou* افرو, sabre, pl. *iferaoun* يفراون.

F R M Ouarsenis : *thaferma* ثفرما, épervier.

F Z. Ouarsenis : *thafazi* ثفزى, guépard.

---

1. Cf., sur le développement de cette racine, *Études sur les dialectes berbères*, p. 59-62.

F S. H'alima, Haraoua, Ouarsenis : *ifis* يبيس, hyène, pl. *ifisen* يبيسن.

F S. A'chacha: *afous* ابوس, main, pl. *ifassen* يفاسن; B. H'alima, Haraoua, Ouarsenis : *fous* فوس, pl. *ifassen* يفاسن.

    B. Menacer : *fous* فوس, main, pl. *ifassen* يفاسن, *aifous* ايفوس, droite.

F S S. Ouarsenis : *fesous* فسوس, aor. *ifsous* يفسوس, se hâter ; *afsous* افسوس, léger, adroit, agile.

    B. Menacer : *afsous* افسوس, léger.

F S I. Ouarsenis : *efsi* افسي, fondre (neutre).

F R'. Ouarsenis : B. H'alima, Haraoua, A'chacha : *effer'* افغ, sortir ; 1re f., Haraoua, A'chacha : *soufer'* سوفغ, faire sortir.

    B. Menacer : *effer'* افغ, 1re f. *soufer'* سوفغ, Ve f. *teffar'* تفاغ ; n. d'act. *oufour'* وفوغ, sortie.

F R' OU. Haraoua : *thifar'ouin* تفاغوين, artichauds (pl.).

F R' R. Ouarsenis, Haraoua : *fir'ar* فغار, serpent. pl. *ifir'e-ran* يفغران.

    B. Menacer : *fir'ar* فغار, serpent, pl. *ifer'ran* يفغران.

F F. B. H'alima : *ifef* يفف, mamelle, pis, pl. *ifefan* يففان.

F K R. Ouarsenis : *ifker* يكفر, tortue.

    4° F CH R. Haraoua : *ifcher* يفشر, tortue, pl. *ifcheren* يفشرن.

F G. (B. Menacer : *afig* افگ, s'envoler).

    2° F I. B. H'alima : *afi* افي, aor. *ioufi* يوفي, s'envoler.

    B. Menacer : *afii* افي, aor. *ioufii* يوفي.

F L. Haraoua : *thifli* تفلي, écorce ; B. H'alima : *oufel* وفل, ruche.

F L S. (B. Menacer : *thafellist* تفلست, hirondelle).

    4° F L L S. Ouarsenis : *thifilellest* تفللست, hirondelle.

F L S. Ouarsenis : *thafloust* تفلوست, couteau.

F N. B. H'alima : *fan* بان, plat où l'on cuit le pain, pl.
ifanen يبان; Ouarsenis : *fan* بان, casserole; B.
H'alima : *thaifnith* ثيفنيت, un pain.

F N S. B. H'alima, A'chacha, Haraoua, Ouarsenis :
afounas ابوناس, bœuf, pl. *ifounasen* يبوناسن; B. H'a-
lima, Ouarsenis, Haraoua : *thafounast* ثبوناست,
vache, pl. *thifounasin* ثبوناسين; A'chacha : *hafou-*
nast هبوناست, vache, pl. *hifounasen* هبوناسن.
   B. Menacer : *afounas* ابوناس, pl. *ifounasen* يبوناسن,
bœuf.

K'

K' Z N. Haraoua, B. H'alima : *ak'zin* اقزين, petit chien,
pl. *ik'zinan* يقزينان.
   B. Menacer : *ak'joun* اقزون, pl. *ik'jan* بقزان.

K' J. Ouarsenis : *ak'jai* اقزاى, partager.

K' CH CH. Ouarsenis : *amek'chouch* امقشوش, annulaire.

K' CH L. (Zouaoua : *thak'chalt* تقشالت, menu bois).
   3° K' CH D'. A'chacha et B. H'alima : *ak'choud'* اقشود,
bois, pl. *ik'choul'en* يقشودن.
   B. Menacer : *iak'choud'en* يقشودن, bois.

K' L OU CH. Haraoua : *thak'louch* ثقلوش, marmite.
   B. Menacer : *ak'louch* اقلوش, cruche.

K' M M'. Haraoua : *ak'mim* اقيم, *ak'emmoum* اقوم, pl.
ik'emmoumen يقمومن, bouche.

K' N CH. B. H'alima : *ak'ennich* اقنيش, court.

K

K. (B. Menacer : *akoui* اكوى, s'éveiller).
   2° XI. Haraoua : *azi* اكى, aor. *iouzi* بوكى, s'éveiller.

1. Cf., sur cette racine, *Études sur les dialectes berbères*, p. 64-65.

K TH. (Zouaoua : *mekthi* مكى, se rappeler).

3° X TH. Ouarsenis : *mexthi* مكى, se rappeler.

K TH M. (B. Menacer : *akthoun* اكثوم, viande, chair).

2° I S M. B. H'alima, Haraoua : *aisoum* ايسوم.

K R. Haraoua : (aor. 3° p.) *ikour* يكور, insulter.

K R. (Zouaoua : *kera* كرا, chose).

2° CH R. Ouarsenis : *chera* شرا, chose.

K R D'. A'chacha : *ikourd'an* يكوردان, puces.

2° X R D. Haraoua : *xoured* كورد, puce, pl. *ixourdan*
يكوردان.

3° CH R D'. Ouarsenis : *ichourd'an* يشوردان, puces.

K R R. (Zouaoua : *ikerri* يكرى, mouton).

2° X R R. Haraoua : *ixerri* يكرى, mouton, pl. *axraren*
اكرارن.

B. Menacer : *xerri* كرى, mouton, pl. *akraren* اكرارن.

4° CH R. B. H'alima : *thicheri* نشرى, béliers (coll.).

K R Z. A'chacha : *akriz* اكرز, labourer.

3° I R Z. B. H'alima : *thairza* نيرزا, labour.

4° I R S. B. H'alima et Ouarsenis : *thaiersa* نيرسا, soc,
pl. *thiirsiouin* نيرسيوين.

B. Menacer : *aiersa* ايرسا, soc.

6° G' R S. Haraoua : *thagersa* نڭرسا, soc, pl. *thigersiouin* نڭرسيوين.

K R S. (Zouaoua : *keres* كرس, nouer).

4° CH R S. Ouarsenis : *achrous* اشروس, nœud.

K R M. (Ouargla : *takroumt* نكرومت, nuque).

2° CH R M. Haraoua : *thacheroumt* نشرومت, cou.

K S DH. (Chelh'a : *ksedh* كسض, craindre).

6° G D. Ouarsenis : *aggoud* اڭود, craindre, f. hab.
taggoud ناڭود.

B. Menacer : *thigoudi* نڭودى, crainte.

K CII. A'chacha : *thakchaouith* نكشاويث, ver ; Ouarsenis : *thaakchaouin* ناكشاوين, vers (pl.) ; Haraoua : *thik-chaouin* نكشاوين.

4° K TCH. A'chacha : *ikitchaouen* يكچاون, vers (pl.).

5° TCH. B. H'alima : *itchaoun* يچاون, vers (pl.).

K A B. (Bougie : *akáb* اكب, renard).

2° X B. Ouarsenis : *aχab* اكاب, renard.

B. Menacer : *aχab* اكاب, et *iχab* يكاب, renard, pl. *iχaben* يكان.

K F. (Taïtoq : *takoufi*, ·Ж·:+, écume).

2° X F. Haraoua : *iχoufa* يكوبا, salive.

2° S S F. Ouarsenis : *sousef* سوسب, cracher.

9° S F TH. Ouarsenis : *soufeth* سوبث, mouiller.

K L. (Zouaoua : *thikli* نكلي, marche).

2° TCH L. Ouarsenis : *thitchli* نچلي, marche.

B. Menacer : *χel* كل, aor. *iχla* يكلا, marcher.

K L. (Zouaoua : *akal* اكال, terre).

2° CH L. B. H'alima et Haraoua : *chal* شال, terre.

K L. Ouarsenis, Haraoua : *thikelt* نكلت, fois.

B. Menacer : *thikelt* نكلت, fois, pl. *hikal* هكال.

K M Z. (Zouaoua : *ekmez* اكمز, gratter).

2° CH M Z. Haraoua : *ichemz* يشمز, pouce.

2° X M S. Ouarsenis : *iχemmest* يكمست, pouce.

K N. (B. Menacer : *thoukent* نوكنت, compagne d'une femme mariée au même homme).

2° X N. Ouarsenis : *iχniouen* يكنيون, jumeaux.

K N F. (Zouaoua : *eknef* اكنب, rôtir).

2° X N F. Ouarsenis : *χanif* كنب, rôtir.

X

X R N N. Haraoua : *aχernennai* اكرنناي, court.

G

G. B. H'alima : *eg* اڭ, aor. *iyi* يڲ, *igou* يڲو, mettre, faire.

6° J. Haraoua : *ejj* اژ, faire, prendre, établir.

2° I. Haraoua : *ai* اى, faire.

B. Menacer : *aii* اى, aor. *iia* ﻳ, faire.

G. (Zouaoua : *thaga* ثاڲ, artichaud).

3° J. Haraoua : *thaja* ثزا, artichaud.

G D D. (Chaouia : *ageddid* اڭدّيد, outre).

2° I D D'. B. H'alima : *aidid'* ايديد, outre, pl. *idid'en* بديذن.

B. Menacer : *aidid'* ايديذ, outre.

G D' R'. (Zouaoua : *igid'er* يڲيدر, vautour fauve).

5° D J D' R. B. H'alima : *thamedjd'ir* ثمجذير, vautour.

B. Menacer : *iider* بدر, vautour, pl. *idraouen* بدراون; *jither* زيثر, gypaète, pl. *ijitheren* يزيثرن.

G R. (Zouaoua : *thigerth* ثڲرت, petit champ).

2° I R. B. H'alima : *thiireth* ثيرت, parcelle de terre, pl. *thiiratin* ثيرايين.

G R. Ouarsenis : *aggour'* اڭّور, aller.

B. Menacer : *ager* اڭر et *aggour* اڭّور, aor. *iggour* يڲّور, aller.

3° I R. B. H'alima, Ouarsenis : *aiour* ايور, aller; A'cha-cha : *eiour* ايور, marcher.

B. Menacer : *eiour* ايور, aller, marcher.

4° G' R. Haraoua : *oug'our* وڲّور, marcher.

G R. (Ahaggar : *gerou* :Oᵀ, grenouille).

2° J R. Ouarsenis, Haraoua : *ajerou* اژرو, grenouille, pl. *ijera* يزرا.

G R. (Zouaoua : *eggour* اڭّور, mois).

2° I R. B. H'alima, Haraoua : *iiour* يور, lune, mois, pl. *iiaren* يارن; Ouarsenis, A'chacha : *iiour*, بور, lune, mois, pl. *iiouren* بورن.

B. Menacer : *iiour* يور, mois, pl. *iiouren* بورن.

G R T H L. (Zouaoua : *agerthil* اكرثيل, natte).

2° J R TH L. B. H'alima, Ouarsenis, Haraoua : *ajerthil* ازرثيل, natte, pl. *ijerthal* يزرثال, diminutif; B. H'alima : *thajerthilth* ثزرثيلث, petite natte, pl. *thijerthal* ثزرثال.

B. Menacer : *thajertilth* ثزريلث, petite natte, pl. *thijertal* ثزرثال.

G R J M. Haraoua : *thagerjoum* ثكرزوم, gorge.

3° I R Z. B. Hal'ima et Ouarsenis : *aierzi* ايرزى, gorge.

B. Menacer : *aierzi* ايرزى.

4° K R Z. A'chacha : *akerzi* اكرزى, gorge.

G R S L. (Zouaoua : *agoursal* اكورسال, champignon).

2° I R S L. Ouarsenis : *ioursel* يورسل, champignon, pl. *iourselen* يورسلن.

3° J R S L. Haraoua : *joursel* زورسل, champignon, pl. *ijouriselen* يزورسلن.

4° I R CH L. B. H'alima : *iourchel* يورشل, champignon.

G R S L. (Zouaoua : *igersel* يكرسل, houx).

2° I R S L. B. H'alima : *thiirselth* ثيرسلث, pieu central de la tente, pl. *thiirsal* ثيرسال.

G R F. A'chacha : *garfith* كربيث, corneille, pl. *garfithen* كربيثن.

2° DJ R F. Haraoua : *djarfi* جربى, corbeau, pl. *thidjarfouin* ثجربوين; B. H'alima : *djarfi* جربى, corbeau, pl. *idjarfiouen* يجربيون.

3° J R F. Ouarsenis : *jarfi* زربى, corbeau.

G J L. (Zouaoua : *agoujil* اكوزيل, orphelin).

2° I J L. Ouarsenis : *aioujil* ايوزيل, orphelin ; *thaiou-jilt* ثيوزيلت, orpheline.

3° J DJ L. A'chacha : *aioudjil* ابوجيل, orpheline, pl. *ioudjilen* يوجيلن ; *aioudjilt* ابوجيلت, orpheline, pl. *aioudjilint* ابوجيلينت.

G DH F. (Zouaoua : *thigedhfin* تكضفين, pl. fourmis).

   2° CH T F. Ouarsenis et Haraoua : *thichetfet* نشنبت, fourmi, pl. *thichetfin* نشنبين.

G DH M. (Zouaoua : *igoudhman* يكوضمان, baguettes).

   3° I T' M. A'chacha : *aiet't'oun* ايطوم, baguette, pl. *aiet't'oumen* ايطومن.

G G. (Taroudant : *eggog* اڭڭ, s'éloigner).

   2° G DJ. B. H'alima : *eggoudj* اڭوج, être éloigné.

G L D'. Zouaoua : *agellid'* اڭليذ, roi).

   4° B. H'alima : *ajellid* ازليد, roi.

     B. Menacer : *ajellid'* ازليذ et *ajellid* ازليد, roi, pl. *ijellidan* يزليدان.

G L Z M. (Zouaoua : *agelzim* اڭلزيم, pioche).

   2° I L Z M. Haraoua et Ouarsenis : *aielzim* ايلزيم, pioche, pl. *ielzam* يلزام ; A'chacha : *aielzim* ايلزيم, pl. *iilzam* يلزام.

     B. Menacer : *aielzim* ايلزيم, pl. *iilzam* يلزام

   4° I Z M. B. H'alima : *aizim* ايزيم, pioche, pl. *iizam* يزام.

G L F. (Zouaoua : *agoulaf* اڭولاب, essaim).

   2° I L F. A'chacha : *ailaf* ايلاب, essaim, pl. *ailafen* ايلابن.

G L M. (Zouaoua : *aglim* اڭليم, peau).

   3° G' L M. Haraoua : *ag'lim* اڭليم, peau.

   6° I L M. A'chacha, B. H'alima, Ouarsenis : *ailim* ايليم, peau, pl. *ilimen* يليمن.

B. Menacer : *ailim* ايليم, peau, cuir.

G M R. (Zouaoua : *thagmarth* تڭمارت, jument).

2° G' M R. Haraoua : *thag'marth* تڭمارت, jument.

5° I M R. Ouarsenis : *thaimarth* ثيمارت, jument ; B. H'alima : *thaimarth* ثيمارت jument, pl. *thiimarin* ثيمارين.

B. Menacer : *thaimarth* ثيمارت, jument.

8° I M. A'chacha : *aimath* ايماث, jument.

G N D Z. (Zouaoua : *agendouz* اڭندوز, veau).

I N D Z. B. H'alima, A'chacha, Ouarsenis : *aindouz* ايندوز, veau, pl. *indouzen* ايندوزن.

G N F. Ouarsenis : *genf* ڭنف, aor. *igenfa* يڭنفا, être guéri ; B. H'alima : *genf* ڭنف, aor. *igenfa* يڭنفا, être gras.

G N N. (Zouaoua : *igenni* يڭني, ciel).

4° J N N. A'chacha, Haraoua, Ouarsenis, B. H'alima : *ajenna* اژنا, ciel.

B. Menacer : *ajenna* اژنا, ciel.

G OU. (Zouaoua : *agou* اڭو, brouillard).

2° I'OU. Ouarsenis : *aiouth* ايوث, brouillard.

G I. Haraoua : *thaggaith* ثڭايت joue, pl. *thaggai* ثڭاى.

G I D. Haraoua : *thaggaid* ثڭايد, colline, pl. *thiggaidin* ثڭايدين.

L

L. Ouarsenis, Haraoua, B. H'alima : *thili* ثيلي, ombre, pl. *thiliouin* ثيليوين.

B. Menacer : *thili* ثيلي, ombre.

L. A'chacha, Ouarsenis, Haraoua, B. H'alima : *ili* يلي être, aor. *illa* يلا.

B. Menacer : *ili* ايلي, aor. *illa* يلا.

L. A'chacha : *tmeslai* تمسلاى, parler; B. H'alima : *thameslaith* تمسلايت, conversation.

B. Menacer : *thmeslaith* تمسلايت, parole; *meslai*
مسلاى, parler, f. h. *tmeslai* تمسلاى.

2° OU L. B. H'alima : *aoual* اوال, parole; *siouel* سيول,
parler.

B. Menacer : *aoual* اوال, parole, pl. *ioualen* يوالن.

L. Ouarsenis : *thala* ثلا, fontaine.

B. Menacer : *hala* هلا, fontaine.

L Z. B. H'alima : *louz* لوز, faim; Haraoua et Ouarsenis :
ellouzar' الوزاغ, j'ai faim (aor. 1ʳᵉ p.); B. H'alima
et A'chacha : *ellouza* الوزا.

B. Menacer : *laz* لاز, faim.

L S. B. H'alima : *ilis* يليس, toison, pl. *ilisen* يليسن; B. H'a-
lima : *usels* اسلس, couteau pour tondre les moutons.

L S. B. H'alima, Haraoua, Ouarsenis, A'chacha : *iles*
يلس, langue, pl. *ilsan* يلسان.

B. Menacer : *iles* يلس, langue, pl. *ilsan* يلسان.

L S. Haraoua : *thallest* ثلست, ténèbres.

B. Menacer : *tallest* تلست, ténèbres.

L R'. B. H'alima : *iler'* يلغ, jambe, pl. *ilr'an* يلغان.

L R' M. Ouarsenis et Haraoua : *alr'am* الغم, chameau, pl.
iler'man يلغمان; B. H'alima : *alr'am* الغم, chameau,
pl. *ilar'men* يلاغمن; Ouarsenis et Haraoua : *thilr'emt*
ثلغمت, chamelle, pl. *thiler'min* ثلغمين; B. H'alima :
thalr'emt ثلغمت, chamelle, pl. *thilar'min* ثلاغمين.

B. Menacer : *alr'oum* الغوم, chameau, pl. *iler'man*
يلغمان.

L F. B. H'alima, Haraoua, Ouarsenis, A'chacha : *ilef*
يلف, sanglier, pl. *ilfan* يلفان.

B. Menacer : *ilef* يلف, sanglier, pl. *ilfen* يلفن.

L F S. B. H'alima : *thalefsa* تلفسا et *alefsa* العسا, vipère ; A'chacha : *alefsa* العسا, vipère.

B. Menacer : *thalefsa* تلفسا, couleuvre.

L K. (Zouaoua : *thilkets* تلكت, pou).

4° I CII. Haraoua, Ouarsenis : *thiichet* ثيشت, pou, pl. *tiichin* ثيشين.

B. Menacer : *thiicht* ثيشت, pou, pl. *thiichin* ثيشين.

L G G. Haraoua : *tilouggith* تلوكيت, genêt.

L L. B. H'alima, Haraoua, Ouarsenis : *alili* اليلي, laurier-rose.

B. Menacer : *alili* اليل, laurier-rose, pl. *ilila* يليلا.

L L. (Zouaoua : *illi* يلي, fille).

Composé avec *ma* (p. *imma* يم, mère) ; B. H'a-lima et A'chacha : *oultma* ولتما, sœur ; Ouarsenis : *ouetma* وتما.

B. Menacer : *illi* يلي, *illis* يلليس, fille.

L M. Haraoua : *loum* لوم, paille ; Ouarsenis : *aloum* الوم ; B. Menacer : *aloum* الوم et *loum* لوم, paille.

L M. Haraoua : *alma* الا, prairie, pl. *ilmathen* يلماتن.

L I. A'chacha : *ali* الي, monter, aor. *iouli* يولي ; B. H'a-lima : *ali* الي, monter, forme fact. *sili* سيلي, faire monter.

B. Menacer : *ali* الي, aor. *iouli* يولي, f. h. *tali* تالي.

M

M. B. H'alima, Ouarsenis, Haraoua : *imi* يمى, bouche, pl. *imaouen* يماون.

B. Menacer : *imi* يمى.

M. A'chacha, Haraoua, Ouarsenis, B. H'alima : *aman* امان (pl.), eau.

B. Menacer : *aman* امان, eau.

M TH. (B. Menacer : *mouth* موث, mourir).

2° M T. Haraoua : *emmout* اموت, mourir.

M D. Haraoua : *semda* سمدا, acheter.

B. Menacer : *med* مد, durer.

M D R. (B. Menacer : *emder*, امدر, jeter).

2° M T' R. B. H'alima : *met'er* مطر, jeter.

B. Menacer : *tmettar* تمطار, f. hab.

M D R. (B. Menacer : *thamdirth* تمديرت, soir).

2° M D. B. H'alima : *thameddith* تمديت, soir.

B. Menacer : *thameddith* تمديت, soir.

M D N. B. H'alima : *madoun* مدون, keskas, pl. *imoudan* ايمودان.

2° M Z N. Ouarsenis : *mazan* مزان, keskas.

M D' L. (B. Menacer : *amd'al* امدل, enterrer).

3° N T' L. A'chacha : *int'al* ينطل, il est enterré (aor. 3ᵉ p.).

B. Menacer : *amdal* امدل, enterrer, *thamdalt* تمدلت, enterrement.

M R. B. H'alima : *themarth* تمارت, barbe ; Ouarsenis : *thmart* تمارت, barbe.

B. Menacer : *thmert* تمرت, barbe.

2° H' M R. A'chacha : *ah'marth* احمارت.

M Z R'. Haraoua, A'chacha, Ouarsenis : *amezzour'* امزوغ, pl. *imezzour'en* يمزوغن, oreille ; B. H'alima : *amezzour'* امزوغ, pl. *imezzar'* يمزاغ.

B. Menacer : *amezzour'* امزوغ, pl. *imezzour'en* يمزوغن.

5° M Z DJ. B. H'alima : *amezzoudj* امزوج, pl. *imezzadj* يمزاج, sourd.

B. Menacer : *amjouj* امزوز, sourd.

M Z N. B. H'alima, Ouarsenis, Haraoua : *thimzin* تمزين, orge.

B. Menacer : *themzin* تمزين, orge.

M Z I. A'chacha, B. H'alima, Haraoua, Ouarsenis : *amezzian* امزيان, petit.

B. Menacer : *amezzian* امزيان, petit.

M S. Haraoua, Ouarsenis : *thimsi* تمسي, feu ; B. H'alima : *thimes* تمس ; A'chacha : *imesi* يمسي, feu.

B. Menacer : *thimsi* تمسي et *hemsi* همسي.

M S. Haraoua : *ammas* اماس, milieu.

M S. (Zénaga : *oumas* وماس, chat).

  2° M CH. B. H'alima : *amouch* اموش, chat, pl. *imouchchen* يموشن ; Ouarsenis : *amchich* امشيش, chat, pl. *imchichen* يمشيشن ; A'chacha : *amchich* امشيس, chat, pl. *imchach* يمشاش.

B. Menacer : *amchich* امشيش, chat, pl. *imchach* يمشاش.

M S S. Haraoua : *thamessat* تمسات, cuisse.

M T'. Haraoua, Ouarsenis : *imet't'aoun* يمطاون, larmes.

B. Menacer : *imet't'aoun* يمطاون, larmes.

M T'. A'chacha : *amet't'outh* امطوث, femme ; Ouarsenis : *thamet't'oth* تمطت, femme ; Haraoua : *thamet't'outh* تمطوث.

  2° M T. B. H'alima : *thamettoth* تمتت.

B. Menacer : *thamtout'* تمتوط.

M R' R. Haraoua, B. H'alima : *amr'ar* امغار, vieillard, pl. *imr'aren* يمغارن ; B. H'alima, Haraoua : *thamr'arth* تمغارت, vieille, pl. *thimr'arin* تمغارين.

B. Menacer : *mor'er* مغر, grandir ; *thamr'arth* تمغارث, vieille femme.

  2° M K' R. B. H'alima : *amok'ran* امغران, grand, *amek'-*

k'eran افغران, grand ; Haraoua : *amok'k'eran* امغران, grand ; A'chacha : *amek'k'eran* امغران.

B. Menacer : *amok'ran* امغران, grand.

M K' R K' R. (B. Menacer : *amk'ark'our* امغرفور, grenouille, pl. *imk'ark'ar* يغرفار).

2° G R G R. Ouarsenis : *thagargar* ثكركار (pl.), crapauds.

M G R. (Zouaoua : *meger* مڭر, moissonner).

2° M J R. Haraoua, Ouarsenis, A'chacha : *amjer* امزر, faucille, pl. *imjeran* يمزران ; A'chacha : *emjer* امزر, moissonner.

M L Z. B. H'alima, Ouarsenis, Haraoua : *amelzi* الملزى, genévrier.

B. Menacer : *amelzi* الملزى.

M L L[1]. B. H'alima, Haraoua : *thamellalt* ثملالت, œuf, pl. *thimellalin* ثملالين ; Ouarsenis : *thimellalt* ثملالت, œuf, pl. *thimellalin* ثملالين ; B. H'alima, Haraoua, Ouarsenis, A'chacha : *amellal* املال, blanc ; Haraoua, Ouarsenis : *thmolla* ثملا, tourterelle, pl. *thimallouin* ; A'chacha : *thmallalet* ثملالت, œuf, pl. *imellalin* يملالين.

B. Menacer : *thamellalt* ثملالت, œuf, pl. *thimellalin* ثملالين ; *amellal* املال, blanc ; *mlil* مليل, être blanc, Iʳᵉ f. *smellal* سملال, blanchir.

M M. B. H'alima, Ouarsenis, Haraoua : *thamemt* ثممت, miel ; A'chacha : *hamemt* هممت.

B. Menacer : *thamemt* ثممت et *hamemt* هممت.

M M. B. H'alima : *memmi* مى, fils.

B. Menacer : *memmi* مى et *emmi* امى, fils.

---

1. Cf., sur cette racine, *Les noms des métaux et des couleurs en berbère*, § VII, p. 13-17.

Ouarsenis : *iemma* اﻳ, mère ; Haraoua : *imma* اﻳ.

B. Menacer : *iemma* اﻳ.

M M. Ouarsenis : *thammaouin* ﻧﻤﺎوﻳﻦ, sourcils (pl.).

M M. Haraoua : *moumou* ﻣﻮﻣﻮ, pupille de l'œil.

M M GH. Ouarsenis : *thamemmaich* ﻧﻤﺎﻳﺲ, acacia.

M̄N. Ouarsenis, A'chacha : *iman* اﻳﻤﺎن, personne.

M N D. B. H'alima, Ouarsenis, Haraoua, A'chacha :
imendi اﻳﻤﻨﺪى, céréales.

B. Menacer : *imendi* اﻳﻤﻨﺪى, céréales.

M OU R. B. H'alima, Ouarsenis : *thamourth* ﺗﻤﻮرت, pl.
thimoura ﺗﻤﻮرا, pays, terre ; A'chacha : *hamourth*
ﻫﻤﻮرت.

B. Menacer : *thamourth* ﺗﻤﻮرت et *hamourth* ﻫﻤﻮرت,
terre, pays.

N

N. B. H'alima, Ouarsenis, A'chacha : *ini* ﻳﻨﻰ, dire, aor.
inna اﻧﺎ.

B. Menacer : *ini* ﻳﻨﻰ, V° f. *thini* ﻳﺜﻴﻨﻰ.

N. B. H'alima : *thaini* ﺗﻴﻨﻰ, dattes.

N B D'. A'chacha : *anebd'ou* اﻧﺒﺪو, été.

2° N B D. Ouarsenis : *anebdou* اﻧﺒﺪو, été.

N B G. (Zouaoua : *inebgi* ﻳﻨﺒﺒﻰ, hôte).

3° N OU J. Ouarsenis, B. H'alima : *anouji* اﻧﻮزى, hôte,
pl. *inoujiouen* ﻳﻨﻮزﻳﻮن.

4° N OU B J. Haraoua : *anoubji* اﻧﻮﺑزى, hôte, pl. *inou-jiouen* ﻳﻨﻮزﻳﻮن.

N R. Haraoua : *annar* اﻧﺎر, meule, pl. *inoura* ﻳﻨﻮرا.

N R Z. (Mzab : *inerz* ﻳﻨﺮز, talon).

2° N R J. Ouarsenis : *inirej* ﻳﻨﻴﺮز, talon.

N Z. A'chacha, B. H'alima : *enz* ﺍﻧﺰ, être vendu, Ire f. *zenz* ﺯﻧﺰ, vendre.

    B. Menacer : *enz* ﺍﻧﺰ, être vendu, Ire f. *zenz* ﺯﻧﺰ, vendre.

N Z D'. (B. Menacer : *anzad'* ﺍﻧﺰﺍﺩ, cheveu, pl. *inzad'en* ﻳﻨﺰﺍﺩﻥ).

    2° N Z D. Haraoua : *anzad* ﺍﻧﺰﺍﺩ, cheveu.

N Z R. A'chacha : *inzer* ﻳﻨﺰﺭ, nez, pl. *inzaren* ﻳﻨﺰﺍﺭﻥ ; B. H'alima : *thinzert* ﺗﻨﺰﺍﺭﺕ, pl. *thinzaren* ﺗﻨﺰﺍﺭﻥ et *thinzar* ﺗﻨﺰﺍﺭ ; Ouarsenis : *thinzar* ﺗﻨﺰﺍﺭ.

    B. Menacer : *thinzerth* ﺗﻨﺰﺭﺕ, pl. *thinzar* ﺗﻨﺰﺍﺭ, narines ; *inzer* ﻳﻨﺰﺭ, nez.

N Z R. A'chacha : *anzar* ﺍﻧﺰﺍﺭ, pluie.

N S. H'alima : *imensi* ﻳﻤﻨﺴﻰ et *mounsou* ﻣﻮﻧﺴﻮ, souper.

    B. Menacer : *imensi* ﻳﻤﻨﺴﻰ, souper.

N R'. B. H'alima et Ouarsenis : *enr'* ﺍﻧﻎ, tuer ; Haraoua : *enr'* ﺍﻧﻎ, tuer, aor. *inr'a* ﻳﻨﻐﺎ, II° f. *menr'* ﻣﻨﻎ, se battre ; A'chacha : *enr'* ﺍﻧﻎ, tuer, aor. *inr'ou* ﻳﻨﻐﻮ.

    B. Menacer : *enr'* ﺍﻧﻎ, tuer, f. h. *ennour'* ﺍﻧﻮﻍ ; f. f. *senr'* ﺳﻨﻎ, faire tuer ; V° f. *tnour'* ﺗﻨﻮﻍ.

N R'. Haraoua : *anar'* ﺍﻧﻎ, palais (de la bouche).

N R' N R'. Ouarsenis : *anar'nar'* ﺍﻧﻐﻨﻎ, bègue.

N F. A'chacha : *inifin* ﻳﻨﻴﻔﻴﻦ, pois.

    B. Menacer : *thinifin* ﺗﻨﻴﻔﻴﻦ, pois chiches.

N K R. (Ahaggar : *enker* O·:I, se lever).

    2° K K R. Ouarsenis : *ekker* ﻛﺮ, se lever, Ire f. : *sekker* ﺳﻜﺮ, faire lever.

    B. Menacer : *ekker* ﻛﺮ, se lever.

N L T. B. H'alima, Ouarsenis : *anilti* ﺍﻧﻠﺘﻰ, berger, pl. *iniltan* ﻳﻨﻠﺘﺎﻥ.

N N. B. H'alima : *nanna* ﻧﺎ, grand'mère.

B. Menacer : *nanna* نَنَّ, grand'mère.

N OU L. B. H'alima : *thanoualt* ثنوالت, gourbi, pl. *thinoualin* ثنوالين.

N I. Haraoua : *enia* انيا, monter à cheval ; B. H'alima : *eñi* اني, monter à cheval, aor. *inia* يِنِا ; B. H'a-lima, Ouarsenis : *amnai* امناى, cavalier, pl. *imnaien,* يمناين.

B. Menacer : *eñi, enni* اني, monter à cheval, aor. *iniou* يِنِيو.

N I R. (Zouaoua : *eniir* انير, front saillant).

2° N R. B. H'alima : *thinerth* ثنرت.

N I L. Ouarsenis : *anil* انيل, tombeau, pl. *inilen* ينيلن.

H

H D. A'chacha : *aheddou* اهدو, herbe.

B. Menacer : *haddou* هدو, pâturage.

H D R. B. H'alima : *ahoudar* اهودار, cheval ordinaire, pl. *ihoudaren* يهدودارن.

H OU. Ouarsenis : *haoua* هوا, descendre.

OU

OU. B. H'alima : *thioua* ثيوا, dos, pl. *thiouaouin* ثيواوين.

OU. (B. Menacer : *ou* و, fils).

En composition, Ouarsenis, Haraoua, A'chacha, B. H'alima : *iouma* يوما, frère, pl. *iithma* يِثما.

B. Menacer : *iouma* يوما, frère.

OU. (Ouargla : *aou* لو, fève).

11

2° B OU. B. H'alima, Haraoua, Ouarsenis, A'chacha : *ibaouen* بياون, fèves.

B. Menacer : *baou* باو, pl. *baouen* باون.

OU TH. Ouarsenis : *aouth* اوث, frapper ; Haraoua, A'chacha : *outh* وث, frapper.

B. Menacer : *aouth* اوث, frapper ; f. h. *oukth* وكت ; n. d'act. *iitha* يث, coup, *thiikthi* تيكثي ; f. h. *chath* شات.

OU D' M. B. H'alima, A'chacha, Haraoua : *oud'em* ودم, pl. *oud'maouen* ودماون, visage.

B. Menacer : *oud'em* ودم, visage.

OU R. Ouarsenis : *thaouourth* ثورت, porte, pl. *thououra* ثورا ; Haraoua : *thaouourth* ثورت, porte, pl. *thiououra* ثورا.

B. Menacer : *thaouourth* ثورت, porte, pl. *thioura* ثورا.

OU R TH. B. H'alima, A'chacha : *ourthou* ورثو, jardin, pl. *ourthan* ورثان ; Ouarsenis, Haraoua : *ourthou* ورثو, verger de figuiers, pl. *ourthan* ورثان.

B. Menacer : *ourthou* ورثو, pl. *ourthan* ورثان, jardin.

OU R R'[1]. B. H'alima et Ouarsenis : *ourar'* وراغ, or ; B. H'alima, A'chacha, Haraoua : *aourar'* اوراغ, jaune.

B. Menacer : *ourar'* وراغ, or ; *aourar'* اوراغ, jaune.

OU S R. B. H'alima, Ouarsenis : *aoussar* اوسار, vieux, pl. *ioussoura* يوسورا.

B. Menacer : *aousser* اوسر, vieux, fém. *thaousserth* ثوسرت.

OU CH. B. H'alima : *ouchcha* وشا, lévrier ; *thououch-chat* ثوشات, levrette.

---

1. Cf., sur cette racine, *Les noms des métaux et des couleurs en berbère*, § 1, p. 3.

OU CH N. B. H'alima, A'chacha, Haraoua, Ouarsenis : *ouchchen* وشن, chacal, pl. *ouchchanen* وشان.

    B. Menacer : *ouchchen* وشن, chacal, pl. *ouchchanen* وشان.

OU DH. Ouarsenis, Haraoua et A'chacha : *aouodh* اوض, arriver, aor. *iaouodh* يوض; B. H'alima : *aoudh* اوض, arriver, aor. *iououdh* يوض.

    B. Menacer : *aoudh* اوض, arriver, Ire f. *sioudh* سيوض.

OU K' I. A'chacha : *ouk'k'ith* وڧيث, pierre, pl. *ouk'k'ain* وڧاين; B. H'alima : *thouk'ith* نوڧيث, pierre, pl. *thouk'ai* نوڧاى.

    B. Menacer : *thououk'k'ith* نوڧيث, pierre, pl. *thououk'k'ai* نوڧاى.

OU K CH. (Bot'ioua : *oukch* وكش).

  2° OU CH. B. H'alima, Ouarsenis, Haraoua, A'chacha : *ouch* وش, donner.

    B. Menacer : *ouch* وش, donner.

OU L. A'chacha, Haraoua, B. H'alima, Ouarsenis : *oul* ول, cœur, pl. *oulaouen* ولاون.

    B. Menacer : *oul* ول, cœur.

OU L. Haraoua, A'chacha : *oulli* ولى, brebis.

OU N S. Ouarsenis : *thiouinast* نوبناست, boucle d'oreille.

OU OU. (B. Menacer : *esou* اسو; Ire f. faire cuire, aor. *isouou* يسو).

  3° N OU. A'chacha : *inouou* ينو, il est cuit (aor.).

    B. Menacer : *senin* سنين, faire cuire.

OU I. Haraoua, B. H'alima, A'chacha : *aoui* اوى, aor. *iououi* روى, apporter.

    B. Menacer : *aoui* اوى, aor. *iououi* روى, apporter.

I

1. B. H'alima : *thaia* ﻳَ, négresse, pl. *thiouin* ﻧَﺒُﻮﻳﻦ.

I D D. Haraoua : *thiïdda* ﻧِﺪَﺍ (pl.), sangsues.

I D'. Haraoua : *thaid'a* ﻧَﺒِﺪَ, pin, pl. *thaid'aouin* ﻧِﺪَﺍﻭﻳﻦ.

B. Menacer : *thaid'a* ﻧَﺒِﺪَﺍ, pin, pl. *thaidiouin* ﻧَﺒِﺪﺭﻭﻳﻦ.

I D' M. Ouarsenis : *thaid'emt* ﻧَﺒِﺪِﻣﺖ, lumière.

I R' D'. B. H'alima, Ouarsenis, A'chacha : *airad'* ﺍِﻳﺮَﺍﺩ,
lion, pl. *iirad'en* ﻳِﺮَﺍﺩﻥ.

B. Menacer : *airad'* ﺍِﻳﺮَﺍﺩ, lion, pl. *iirad'en* ﻳِﺮَﺍﺩﻥ.

2° I R D. Haraoua : *airad* ﺍِﻳﺮَﺍﺩ, lion, pl. *airaden* ﺍِﻳﺮَﺍﺩﻥ.

B. Menacer : *airad* ﺍِﻳﺮَﺍﺩ, lion.

I R D'. A'chacha : *sired'* ﺳِﻳﺮَﺩ, laver.

2° I R D. Ouarsenis : *sirid* ﺳِﻳﺮِﺩ, laver.

B. Menacer : *saraud* ﺳﺮَﺍﺩ, laver.

I R Z. B. H'alima : *thierzin* ﻧِﺒﺮﺯﻳﻦ, fourré.

I R S. (Zouaoua : *thiirsi* ﻧِﺒﺮﺳﻰ, gorge).

2° I R Z. Ouarsenis : *aierzi* ﺍِﻳﺮﺯﻯ, gosier.

B. Menacer : *aierzi* ﺍِﻳﺮﺯﻯ, gosier.

I Z. B. H'alima, Haraoua, Ouarsenis : *izi* ﺳﺰﻯ, mouche,
pl. *izan* ﺯَﺍﻥ.

B. Menacer : *izi* ﺳﺰﻯ, pl. *izan* ﺯَﺍﻥ ; B. Menacer :
thizit ﻧِﺒﺰﻳﺖ et *hizit* ﺣﺒﺰﻳﺖ, moucheron.

I Z Z. B. H'alima, Ouarsenis : *thizizouith* ﻧِﺒﺰﺯﻭﻳﺖ, abeille,
pl. *thizizoua* ﻧِﺒﺰﺯﻭﺍ ; Haraoua : *zizouet* ﺯﺑﺰﻭﺕ, abeille,
pl. *thizizoua* ﻧِﺒﺰﺯﻭﺍ ; A'chacha : *izizoua* ﺍِﻳﺰﺯﻭﺍ (pl.),
abeilles.

B. Menacer : *hizizouith* ﻫﺰﺑﺰﻭﻳﺖ, *hizizouit* ﻫﺰﺑﺰﻭﻳﺖ,
zizout ﺯﺑﺰﻭﺕ, abeille, pl. *izizoua* ﺍِﻳﺰﺯﻭﺍ.

I Z DH. A'chacha : *iazidh* ﻳَﺍﺯﻳﺾ, coq ; B. H'alima : *iazidh*

يازيمن, coq, pl. *iazidhan* يازيمنان; Ouarsenis : *iazi-dhan* يازيمنان, coqs (pl.) ; B. H'alima et Ouarsenis : *thiazidhin* ثيازيمنين (pl.), poules.

B. Menacer : *iazidhin* يازيمنين, coqs ; *thiazidhin* ثيازيمنين, poules.

2° I Z T'. Ouarsenis : *iazit'* يازيط, coq ; B. H'alima, Ouarsenis : *thiazit'* ثيازيط, poule ; Haraoua : *thia-zit'* ثيازيط, poule, pl. *thiazit'in* ثيازيطين ; A'chacha : *iazit'* يازيط, poule.

B. Menacer : *iazit'* يازيط, coq ; *thiazit'* ثيازيط, poule.

7° G Z DH. A'chacha : *igazidhen* يڭازيمنن, coqs.

I Z M. B. H'alima : *thiizemth* ثيزمت, palmier nain ; Ouarsenis : *aiezzomt* ايزمت ; Haraoua : *thiizzamt* ثيزامت, pl. *thiizemin* ثيزمين.

I J R. Haraoua : *thaijjourth* ثيزورث, pl. *thijjar* ثيزرار, trou.

I S. B. H'alima : *ais* ايس, cheval, pl. *iisan* يسان ; Haraoua : *iis* يس, cheval, pl. *iisan* يسان.

B. Menacer : *iis* يس, cheval, pl. *iisan* يسان.

I DH. Haraoua, Ouarsenis. B. H'alima et A'chacha : *idh* يمن, nuit, pl. *iidhan* يمنان.

B. Menacer : *iidh* يمن.

I DH. (B. Menacer : *aidhi* ايمنى, chien).

2° D. Haraoua : *aidi* ايدى, chien.

3° D'. Haraoua, B. H'alima, A'chacha : *aid'i* ايذى, chien, pl. *iid'an* يذان ; B. H'alima : *thaid'ith* ثيذيت, chienne ; A'chacha : *aid'it* ايذيت, chienne.

B. Menacer : *aid'i* ايذى, chien.

4° T'. Ouarsenis : *it'an* يطان, chiens (pl.).

B. Menacer : *it'an* يطان, chiens (pl.).

I G. (Bougie : *aioug* ايوڭ, bœuf).

2° I OU. Haraoua : *ioui* ىو, bœuf, pl. *ioug'aouen*
بوݣاون.

I L L. B. H'alima : *ilil* ليل, tortue.

I N D. Ouarsenis : *aiendi* اىدى, cil.

I N Z R. Ouarsenis : *thiinzer* ىنزر, guêpe.

I N S. B. H'alima, Ouarsenis : *inisi* ىنىى, hérisson, pl.
insaien ىنساىن; Haraoua : *insi* ىىى, pl. *insaouen*
ىنساون.

B. Menacer : *insi* ىنىى, hérisson.

TABLE DES MATIÈRES

ANGERS, IMP. A. BURDIN ET C⁰, RUE GARNIER, 4.

www.ingramcontent.com/pod-product-compliance
Lightning Source LLC
Chambersburg PA
CBHW052356090426
42739CB00011B/2390